세기의 책

디오니소스 지음

세기의 책

문학 편 01

book of the century

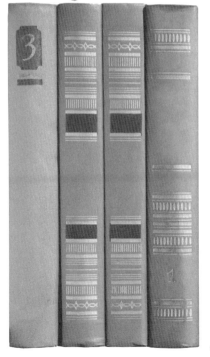

르몽드', 뉴욕타임스 선정 세기를 대표하는 100권의 책

différance

나는 한 권의 책을 책꽂이에서 뽑아 읽었다.
그리고 그 책을 꽂아 놓았다.
그러나 나는 이미 조금 전의 내가 아니다.

― 앙드레 지드

디오니소스적 가치

'빅 브라더'라는 단어가 대명사화가 되었을 정도로, 이미 여러 영화들로 재해석이 된 경우라, 우리가 익히 아는 내용의 소설『1984』, 본문에도 적혀 있듯, '읽지 않았으면서 읽은 척하는 책 1위'라고 한다. 실상 나도 저자 분들의 원고를 편집하면서 그 대강을 알고 있는 경우일 뿐, 직접 읽어 본 적은 없다. 그러나 그 대강을 적어 놓은 저자 분들의 글에서, '권력과 지식', '생체권력' 같은 푸코의 키워드를 빌려 한두 페이지는 써내릴 수 있을 것 같은 파편들이 보인다.

실상 이 기획이 그런 취지이기도 하다. 저자 분들과의 첫 모임에서 나온 예시가『어린 왕자』였다. 어린 왕자에서의

'코끼리를 삼킨 보아뱀' 이야기를 모르는 사람은 없어도, 그 그림이 등장하는 맥락을 아는 이들이 얼마나 될까?『어린 왕자』를 읽어 본 이들이 얼마나 될까?

　중간에 흐지부지되긴 했지만, 몇 년 전 세계문학 관련 기획을 준비하면서 내가 맡은 파트가 프랑스 문학이었다. 그런 반강제성이라도 띠지 않으면『잃어버린 시간을 찾아서』의 대서사를 영원히 읽을 수 없을 것 같아서…. 그렇듯 취미인 이들에게조차 독서란 만만치 않은 시간적 비용을 들여야 하는 일이고, 때로 읽어야 할 명분을 필요로 하는 일이기에, 취미가 없는 분들에게도 그 대강을 알려줌으로써 접근성을 고양해 보고자 하는 취지다.

　물론 서점가에 이런 기획이 없었던 것도 아니다. 아니 너무 많다. 그래서 '르몽드'와 '뉴욕타임스'라는 브랜드 파워에 마음이 끌렸던 건지 모르겠다. 20세기를 풍미했던 작품들로 시간의 스펙트럼을 좁혀 선정한 '세기의 책'이란 매뉴얼. 저자 분들이 블로그에 게재했던 글들을 수합하여 각색과 편집의 과정을 거쳐 일단 한 권의 책을 먼저 내놓는다. 한 권의 책에 다 담을 수 없었기에 시리즈로 이어 갈 예정이다. 시리즈의 마지막 권은 함께한 저자 분들이 직접 뽑은 매뉴얼로 마무리할 여정으로 진행 중이다.

첫 권을 되도록 빨리 출간하고자, 저자 분들의 양해를 얻고서, 저자 분들의 글을 편집자가 다시 각색한 방식이다 보니, 각자의 개인적인 감상은 많이 덜어 냈다. 한편으론 저자 분들의 개성을 최대한 살리고자 노력했다. 그러나 이 책에 담은 축적만으로 '세기의 책'을 대신하기는 한계가 있을 터, 마음이 끌리는 페이지가 있다면 직접 그 책을 읽어 보시는 작은 계기가 되었으면 한다. 아무래도 직접 읽어 보는 편이, 해석의 풍요로움에 있어서 확실한 차이가 있을 테니까.

편집자로서 기획의 업무까지 맡다 보면, 작가로서 준비하고 있는 기획에 쏟을 여력이 없어진다. 그런데 또 작가로서 할 수 없던 것들을 할 기회가 생기기도 한다. 『시카고 플랜』 기획이나 『한국에서 아티스트로 산다는 것』 기획이나, 편집 과정이 너무 힘들었던 기억이 있어서, 다시는 안 하려고 했었는데, 몇 개의 프로젝트를 다시 준비하고 있다. 몇 번 하다 보니, 이젠 할 만하다는 생각도 들고, 커뮤니티로의 확장성도 생각해 보게 되고 해서, 아예 프로젝트 로고도 만들었다.

『한국에서 아티스트로 산다는 것』으로 인연이 되어, '디페랑스' 로고도 디자인해 주신 제소정 교수님께 다시 부탁 드린 '디오니소스' 로고. 교수님의 작품이 미야자키 하야오의 식물도감 느낌이라서, 꽃문자 이미지로 부탁을 드렸다. 그런 생성과 성장, 재생과 순환의 디오니소스적(니체) 가치. 이 프로젝트 역시 그런 인연과 확장성으로 퍼져 나가길 바라면서, 모든 저자 분들을 대신해 편집자가 쓰는 이 프롤로그가 책의 바깥에서도 효용이길 기대하며….

애초에 이 기획을 염두에 두고 쓴 글들이 아닌, 블로그에 게재한 초벌 원고들을 조합하는 작업이었다 보니, 출처 표기가 명확하지 않은 경우가 있었다. 기억의 부정확성으로 인해, 인용한 저서의 표기를 일괄적으로 생략했다. 훌륭한 문학 전집을 출간해 주신 많은 출판사 관계자 분들과 번역자 분들께 사과의 말씀을 드리면서….

목차

1. 고도를 기다리며

2. 멋진 신세계

3. 인간의 조건

4. 잃어버린 시간을 찾아서

1. 고도를 기다리며

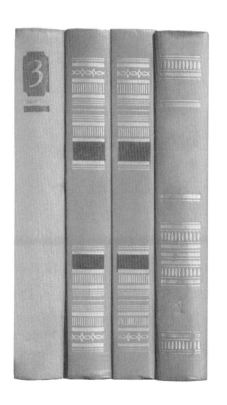

『고도를 기다리며』

사무엘 베케트

기다린 날도, 지워질 날도

지나치게 독창적인 스타일 때문에 소수의 지식인에게만 알려져 있던 베케트가 일약 스타덤에 오르게 된 출세작이자 대표작이다. 희비극의 성격을 띠고 있는 희곡으로, 기존의 익숙한 주제나 형식에서 벗어난 전개가 특징이며, 부조리극의 정수라고 일컬어지기도 한다.

베케트는 1940년대 프랑스의 지하 레지스탕스 조직의 활동을 돕다가 비점령 지역인 보클루즈에 피신해 지내던 시기의 경험을 바탕으로 집필했다고 한다. 이 작품을 쓰기 시작한 것은 1948년이지만, 예전에 집필했던 소설들을 비로소 발표할 수 있게 되어 겨우 이름이 알려지기 시작한 1952년 즈음에 이 작품 역시 책으로 출간할 수 있었다. 이듬해인

1953년 파리의 바빌론 극장에서 초연을 했는데, 기존 희곡과 완전히 다른 단순한 배경, 모호하고도 추상적인 내용의 극 전개가 문화계에 던진 신선한 충격은 큰 성공으로 이어진다.

바빌론 극장은 재정상태가 썩 좋지 않았고, 그 당시 성공을 거두곤 하던 통속극과 전혀 다른 작품인 '고도를 기다리며'에 마지막 희망을 거는 상황이었다고 한다. 한 평론가가 '광대들에 의해 공연된 파스칼의 명상록'이라는 평을 쓴 이후 폭발적인 인기를 끌게 되고, 처음 계획했던 기간보다 훨씬 길게 연장해 무대에 올리며, 베케트에게는 명성을, 극장에는 기사회생의 기회를 안겨 주었다.

베케트는 이 작품을 처음에는 불어로 작업했고 후에 영어로 다시 썼다. 모국어를 사용하느라 자칫 고정된 스타일의 틀에 빠질 수 있어서, 일부러 언어가 주는 한계를 극복하고자 하는 의도였다고 한다.

누구를 기다리는가?

언제 올지, 아니 올지 안 올지조차 모르는 고도를 기다리는 두 사람은, 이런저런 기다림의 방식으로 시간을 보낸다. 오지 않는 고도와 기다림을 포기하지 못하는 두 남자, 같은 듯 다르게 흘러가는 서로의 시간, 이전에도 그랬듯이 앞으로도 계속 이어지게 될 기다림을 통해 인간 존재의 부조리함을 생각하게 한다. 등장인물들 간의 우스꽝스러우면서도 선문답 같은 대화는 독자와 관객들에게, 각자의 삶에 있어 고도가 무엇을 의미하는지에 대한 질문을 던진다.

고고(에스트라공)와 디디(블라디미르)는 고도에게 무엇인가를 부탁했고, 언젠가 고도가 온다면 그 무엇을 해결해 줄 수 있을 거라고 믿고 있다. 해결까지는 아니더라도 조언이라도 들어볼 만한, 기댈 수 있는 사람이라고 믿는 듯하다. 하지만 그들의 기억이 모호하듯 고도의 존재도 불분명하다. 고고와 디디가 그에게 뭘 요청했었는지, 실상 요청할 만한 무엇이 있기는 했던 건지, 그리고 고도가 문제를 해결해 줄 수 있는 능력이 있는 존재인지, 그 어느 것도 확실한 게 없다.

무엇보다도 '고도가 올 것'이라는 믿음이 가장 불확실하다. 영원히 오지 않을 것 같고, 심지어 존재하긴 하는 걸까 하는 의심까지 들지만, 하루가 저물 때 즈음 오늘도 고도가 못 온다는 소식을 전하는 아이가 매번 등장하는 것으로, 고도의 존재에 대한 믿음을 이어 간다. 내일 고도가 온다는 희망으로, 내일도 그다음 날도 그를 기다리는 하루를 살아 내게 된다.

고도가 누구인지, 뭘 의미하는지, 확실히 알 수 없는 건, 사실 우리가 삶의 목표나 의미를 명확히 하나로 정리할 수 없는 일과 같지 않을까? 의미 있는 삶을 목표로 하는 것처럼 착각하지만, 고고와 디디가 자꾸만 지금 고도를 기다리고 있는 중이라는 걸 잊듯, 그렇게 망각 속에서 한 시절을 보내곤 한다.

달리 생각해 보면, 어쩌면 고도는 거창한 삶의 이유나 가치보다 그저 한 오라기 실낱같은 희망일지도 모르겠고, 고단한 삶을 평안하게 만들 생의 마지막 순간일 수도 있겠다. 언젠가 고도가 드디어 약속 장소에 나타난다면, 흥미진진하고 신나는 새로운 삶의 한 장이 시작되는 것이 아니라 그저 이때까지의 이야기가 종결되고 마는 건 아닐까?

사실 이름만 나오는 고도에 대해서보다는 이야기의 중심에 있는 두 남자를 더 눈여겨볼 필요가 있다. 그들은 변함없이 늘 같은 곳에서 비슷한 시간을 보내지만 지난 일에 대해서는 계속 기억이 엇갈리고, 이따금씩 자기들이 고도를 기다리고 있다는 것도 잊곤 한다. 둘 중 한 명이 가겠다고 하면, 다른 한 명이 지금 고도를 기다리는 중이니 가면 안 된다고 서로에게 알려 주곤 한다.

시간을 보내며 나누는 두 남자의 우스꽝스러운 대화들에도 불구하고 이 작품의 전반에 깔린 우울함은 사라지질 않는다. 실상 그들의 하루는 권태롭다. 고고는 어디에선가 꼭 한 번씩 얻어맞고 오기도 한다. 마치 하루의 일과에 포함되어 있다는 듯, 그렇게 흠씬 두들겨 맞고 나면 이렇게 오늘도 이미 하루가 지났다며 으레 그날 겪어야 하는 가장 큰일이 지나간 것처럼 말하기까지 한다. 지루한 기다림에 지쳐 낮잠을 자기도 하고 지나가는 여행자들과 잠시 이야기를 나누기도 하지만, 하루의 끝이 되면 또 오늘도 기다리던 일은 일어나지 않았다는 걸 확인하고, 내일 또 이곳에서 만날 것을 서로 약속한다.

무엇을 기다리는가?

하염없이 무언가를 기다리며 하루하루 버텨 보다가도 문득 한 번씩 이렇게 사는 게 맞는 건가, 언제까지 이렇게 지내야 하는 걸까, 내 인생은 그저 이러다가 끝나는 건가, 하는 허무함과 불안이 파도처럼 몰려올 때도 있다. 고고와 디디는 심지어 그냥 죽어 볼까 하는 생각도 한다. 극의 마지막에서, 이런 생활이 내일도 계속되고 고도를 만나지 못한다면 내일은 정말 삶을 끝낼 것이라 말한다. 그러나 독자는 고도가 영원히 오지 않을 것을 직감하듯, 그들은 결국 내일도 또 그다음 날도 버텨 내며 살아갈 것임을 짐작할 수 있다.

괴롭고 무의미하고 허무한 하루하루를 언제까지 계속 살아야 할까? 이 지난한 생을 스스로 끝내는 걸 용기라고 생각할 수도 있겠지만, 어쩌면 고통스러운 걸 잘 알면서도 포기하지 않고 버텨 내는 게 용기일 수도 있겠다. 그들이 버텨 내는 하루하루는 우리가 살아가는 삶을 축소해서 보여 주는 것 같다. 지금의 문제가 해결될 언젠가를, 그리고 쉽지 않은 지금을 지나 스스로 기대했던 어떤 경지에 다다를 순간을 믿어 보며 버텨 내는 삶을 거울처럼 반영하고 있는 듯하다.

아무래도 희곡이다 보니 무대에서의 상연을 상상해 가며 읽어야 하고 이야기를 관통하는 뚜렷한 사건이 없기 때문에 몰입이 잘되지 않는다면 조금 어렵게 느껴질 수도 있겠다. 굉장히 간략한 대사들로 이루어져 있으며, 대화의 내용이나 주제가 모호하고 추상적인 만큼 독자와 관객들에게 해석의 자유가 아주 폭넓게 주어진다고 할 수 있다. 따라서 정답을 찾으려고 하지만 않는다면 오히려 자유롭게 읽을 수 있는 작품이다.

"이 작품에서 신을 찾지 말라. 여기에서 철학이나 사상을 찾을 생각은 아예 하지 말라. 보는 동안 즐겁게 웃으면 그만이다. 그러나 극장에서 실컷 웃고 난 뒤, 집에 돌아가서 심각하게 인생을 생각하는 것은 여러분의 자유이다."

끊임없이 잇대어졌을 질문, 고도가 누구인가? 베케트는 "내가 그걸 알았다면 작품 속에 썼을 것"이라는 대답을 남겼다. 베케트는 별 다른 뜻 없이 'Godot'라는 이름을 설정했단다. 그러나 어떤 의미를 두고 싶은 관객들의 열망을, 무의식적으로나마 자신도 신을 염두에 두지 않았겠냐는 대답으로 다독였단다. 어쩌면 덧없는 희망이 지니고 있는 기능성에 대한 이야기가 아닐까 싶기도 하다. 저 자신들이 무엇을 기다리는지도 모르면서, 무언가를 기다리고 있다는 행위 자체로 위안을 삼는 삶.

『차라투스트라는 이렇게 말했다』에 등장하는 성직자의 신앙과 같은 속성이다. 무엇을 믿는가가 중요한 게 아니다. 무엇을 믿고 있다는 사실이 중요한 것이다. 무엇을 기다리는가가 중요한 게 아니다. 아직 무언가를 기다리고 있다는 사실이 중요한 것이다. 도래할 것이 아직 남아 있다는 믿음 자체가, 아직 끝나지 않은 것이라 달래고 어르는, 곧 '강림(降臨)'의 속성인지도 모르겠다. 때문에 때로 그 강림의 속성으로 하염없이 뒤로 물러나는, '언젠가는'이라는 순간에 대한 기다림.

『마(魔)의 산』

토마스 만

살라! 죽을 때까지….

프란츠 카프카와 라이너 마리아 릴케와 더불어 현대 독일 문학의 세 거두로 불리는 토마스 만의 작품. 1913년부터 쓰기 시작해 1924년 9월에 완성했다. 1901년에 출간한 『부덴브로크가의 사람들』로는 노벨 문학상을 받은 그의 문학성은 니체나 쇼펜하우어 및 바그너에게서 많은 영향을 받았고, 괴테와도 시대를 뛰어넘는 정신적 교류가 깊었다. 감성과 이성, 예술과 생활, 현실과 이상, 시민과 예술가, 육체와 정신, 삶과 죽음 등의 대립과 모순은 그가 글로써 보이고자 하는 주제였다.

『마(魔)의 산(山)』은 삶을 잊게 하는 죽음의 산이다. 전쟁을 통한 이전의 세계와 단절된 요양원은 그 문화와 개인의 몰락을 '죽음'으로 형상화한 설정이다. 삶과 죽음이라는 일 관된 주제가 한 요양원에서 벌어지는 각종 에피소드들 안에 녹아들어 있다. 세기말의 시민 사회가 안고 있는 공허함과 안일함과 더불어, 유럽 사회의 붕괴 과정을 은유적으로 그 려 내고 있기도 하다.

히틀러의 집권으로 조국을 떠나 방황하다 미국에 정착 한 토마스 만은 두 번의 세계대전을 겪으며 어떻게 하면 인 생의 참된 의미를 찾을 수 있을지, 수많은 모순 속에서 애를 썼다. 함께 지내던 사람들이 서서히 죽어 가는 모습 속에서, 그 죽음을 매개로 살아가는 사람들 사이에서, 죽음을 극복 할 수 있는 것은 사랑뿐이라는 진지함을 드러낸다.

죽음의 공간에서

주인공 한스 카스토르프의 부모는 그가 5~7살 때 사망했 고, 한스는 법정 후견인인 어머니의 삼촌 티이나펠 영사와 함께 산다. 상속재산도 40만 마르크가 있는 한스는 평범하 지만 부자다. 적성엔 맞지 않지만 대학에서 조선 관련 학업 을 마치고 한 회사에 입사할 예정이었다. 그러나 사촌의 병

문안을 위해 요양원을 방문했다가, 자신의 병이 발견되어, 치료를 위해 그곳에서 7년의 세월을 보내게 된다.

베르크호프 요양원에는 유럽 각지에서 온 다양한 국적의 부유층들로 북적인다. 매일같이 마주하는 광경이라곤, 죽음을 가까이에 둔 이들의, 한정된 생활체계에서의 단순한 일상. 죽음 가까이에서 꾸역꾸역 생의 시간을 연장하고 있는 듯한 무기력함들 곁에서 보낸 7년은, 삶의 의미를 되돌아본 죽음의 시간이기도 했다. 이전까지는 전혀 죽음에 대해 고민해 볼 일이 없었던 주인공이 직접 죽음을 대면하면서 겪게 되는 인식의 변화는, 삶을 향한 것이었다.

시간이 흐르면서 한스는 요양원 사람들과의 생활에 적응해 간다. 그리고 13세 소년 시절에 흠모했던 프리비슬라프를 닮은 러시아 여인, 쇼샤 부인을 사랑하게 된다. 쇼샤에 대한 애정이 깊어지면서 그만큼 한스의 고뇌와 불안도 쌓여간다. 사육제가 벌어지는 날, 한스는 쇼샤 부인에게 마침내 사랑을 고백하지만, 쇼샤 부인은 다게스탄으로 떠난다.

인문주의자인 세템브리니는 정신적 스승이다. 한스는 그와 깊은 대화를 자주 나눈다. 그는 요양원을 떠나 마을에서 하숙을 하는데, 예수회 소속의 나프타와 서로 상반된 생각으로 자주 치열한 논쟁을 벌인다. 논쟁의 주제는 철학에서부터 종교, 정치, 사회 등 매우 다양한 영역을 포괄한다. 논쟁은 급기야 결투로 이어진다. 나프타는 결투장에서 세템브리니의 주장을 성토하다 자신의 머리에 총을 쏘아 스스로 생을 마감한다.

사촌 요아힘은 요양원 생활에 지친 나머지, 원장의 반대에도 불구하고 다시 군대로 돌아간다. 그러나 건강이 악화되어 다시 요양원으로 돌아온다. 얼마를 버티지 못하고 죽음을 맞이한다.

쇼샤 부인이 말라리아열에 걸린 60대 부자 남성 페페르코른 씨와 함께 돌아왔다. 페페르코른은 모든 사람들에게 거물로 통한다. 처음엔 쇼샤 부인과의 관계 때문에 소원했던 한스도 적극적으로 그를 문안하며 친하게 지낸다. 페페르코른은 한스를 마음에 들어 하며 다정하고 깊은 대화를 통해 의형제가 된다. 그러나 젊은 쇼샤 부인과의 관계나 자신의 늙고 병든 처지 등 여러 가지 복합적 문제들로 괴로워하다가 자살하고 만다. 쇼샤 부인은 다시 떠나고, 한스는 그야말로 '죽어 있는' 생활을 한다.

요양원은 사람의 병을 치유하고 평안히 쉴 수 있도록 하는 곳이 아니었다. 그곳에는 삶의 시계가 정지되어 있었고 죽음의 시계만 작동한다. 그 죽음의 마성으로부터 헤어나지 못하고 있던 한스는, 무기력을 떨쳐 내고자 스키를 배운다. 어느 날 설원의 아름다운 풍경이 이끄는 대로 활강을 하다가 길을 잃는다. 그리고 눈보라 속에서 백일몽과도 같은 환상을 겪는다. 삶과 죽음의 경계에서 그가 깨달은 건, '인간은 선과 사랑을 잃지 않기 위해서 생각을 죽음에 종속시켜서는 안 된다'는 사실. 이곳에서 겪은 사랑과 죽음이, 죽음까지 포용하는 삶에 대한 새로운 인식을 잉태한 것.

요양원에 최신형 축음기가 들어오자 한스는 전담 관리사가 되어 음악에 심취한다. 모든 음악이 매혹적이지만 슈베르트의 「보리수」는 특히 그의 가슴을 파고든다. 3주를 예정하고 왔던 요양원에서의 시간이 벌써 7년이 흘렀다. 후견인이었던 티이나펠 영사가 죽으면서, 세상과는 거의 연이 끊어져 버린다. 제1차 세계대전이 일어나면서 그 모두가 뿔뿔이 흩어진다. 다시 삶의 세계로 내려온 한스는 전쟁에 참여하고, 포탄이 빗발치는 참혹한 전쟁터에서 「보리수」를 부르며 앞으로 전진한다.

7년의 시간을 보내고 죽음의 산에서 내려온 생의 노력이 제1차 세계대전에 참전으로 이어진다는 아이러니는, 당대의 유럽 사회가 보여 준 모순의 일면이기도 하다.

삶의 시간으로

하이데거는 자신을 실존주의자라고 생각하지 않았단다. 그럼에도 실존의 계보로 분류되는 건, '불안'에 대해 이야기를 했던 이유에서일 게다. 그는 불안과 공포를, 대상의 명확성으로 구분한다. 공포는 명확한 대상이 존재하는 경우다. 불안은 명확한 대상이 없는, 그야말로 막연함 속에서의 시달림이다. 불안은, 알 수 없는 시간대에 무엇이 다가올지 모른다는 불안이다.

이 불안을 극으로 밀어붙인 죽음, 그래서 하이데거 철학에서 죽음이란 키워드가 중요하다. 언젠가는 죽는다는 사실을 알기에, 이 삶이 유의미해질 수 있는 것. 무한히 연기될 수 있는 삶이라면, 시간을 달과 날로 쪼개 그 가치를 매기지는 않을 터. 어느 유명한 시구절처럼, '살라, 오늘이 마지막인 것처럼…'

육체와 정신에 관한 논박을 펼치는 인물, 세템브리니와 나프타의 대립은 사상사의 전환을 보여 주는 사례 같기도 하다. 나프타는 육체는 타락한 것이며, 죽음을 육체의 굴레에서 벗어나는 해방이란 플라톤주의를 견지한다. 정신은 곧 육체라는 세템브리니는 언뜻 니체주의자. 나프타의 지론은 이젠 신앙의 범주일 뿐, 사회의 메커니즘은 인간 중심으로 옮겨 오게 되는 현대를 상징하는 듯.

삶 너머에 천국과 이데아가 펼쳐진다는, 그런 신앙심으로 죽음을 긍정할 게 아니다. 하이데거의 표현을 빌리자면, 죽음은 가장 몰교섭적인 사건. 저 너머의 시간에 뭐가 있는지 누구도 말해 줄 수가 없는 일. 그것에 대해 말할 수 있는 사람은 이미 죽어 있고, 죽음을 경험했다는 사람이 도대체 뭘 겪은 것인지는 단정할 수 없는 일이니까. 저 너머의 시간에 뭐가 있든, 죽음은 최강의 불안으로 자리해, 이 삶을 관장하는 것. 그러니 일단 사력을 다해 살 것. 그 이후의 시간은 신에게 맡기고….

『모든 것이 산산이 부서지다』

치누아 아체베

전통과 변화의 양가성

치누아 아체베는 '현대 아프리카 문학의 아버지'로 불리는 나이지리아 출신 작가로, 나이지리아 대학 명예교수이자 뉴욕 주 바드 대학의 언어문학 석좌교수로 재직하다 2013년 83세를 일기로 타계하였다. 어릴 적 그가 살던 동네는 영국 성공회의 선교사들이 처음 진출한 선교지였고, 그 역시 기독교 집안에서 성장했다. 미션스쿨을 졸업하고 대학에서 의학과 문학을 전공했으며, 28살에 쓴 첫 소설『모든 것이 산산이 부서지다』가 그의 대표작이 된다. 이 작품은 타임지가 선정한 현대 100대 영문소설 그리고 뉴스위크 선정 100대 명저에 꼽히며 2007년 부커상 수상 작가로 이름을 올리기도 했다.

제목은 아일랜드의 시인 예이츠 「재림」에서 따왔다. 첫 장에 '돌고 돌아 더욱 넓은 동심원을 그려 나가 매는 주인의 말을 들을 수 없고, 모든 것은 산산이 부서지고, 중심은 힘을 잃어, 그저 혼돈만이 세상에 풀어 헤쳐진다'라는 구절이 소개 되어 있다. 예이츠는 이 시에서 기존 체제의 붕괴가 또 다른 체제를 잉태하는 계기가 될 수 있음을 노래한다.

이 소설은 '문명충돌 보고서'이며 '인류학 보고서'이며 '백인과 백인 문명에 대한 비판서'이기도 하다. 폭력적인 유럽 제국주의 세계에 대항해 자신들만의 전통과 문화를 지키고자 고군분투하는 원주민의 모습을 그려 내고 있다. 그러나 또한 전통문화를 파고들어 그들의 정체성에 균열을 일으키고 잠식해 가는 유럽인의 제국주의를, 어느 한쪽의 시선에 치우치지 않는 균형감으로 묘사한다.

전통 아프리카 부족의 미개함과 야만성을 부각시키는 서구인의 시선에서가 아닌, 아프리카 원주민 중심적 시선으로 그들의 전통 부족 사회가 지닌 미덕과 부조리가 유럽의 제국주의에 의해 어떻게 해체되었는지를 보여 준다. 전통은 미개하고 진부한 것이 아니지만, 그것이 고수하고 있는 불합리한 치부 또한 드러내고 있다.

'언제 이렇게 덜덜 떠는 늙은 여자가 되었는가?' 오콩코가 스스로에게 물었다. '전쟁의 무훈으로 온 아홉 마을에 그 이름을 떨친 나였는데. 내가 전쟁에서 다섯을 죽였는데 거기에 어린아이 하나를 더한 것으로 이렇게 산산조각이 날 수 있는가? 오콩코, 넌 이제 정말 여자가 되었구나.'

나이지리아 우무오피아 마을에 사는 오콩코는 권위적이고 공격적인 성격으로, 가난하고 무능력한 아버지로부터 아무것도 물려받지 못했지만, 씨름 대회를 석권하며 점차 부와 명예를 쌓아 간다. 그에게는 세 명의 부인이 있고, 할아버지의 여린 성격을 닮은 장남 은위예와 아들로 태어났으면 좋겠다고 생각하면서도 가장 아끼는 딸 에진마를 슬하에 두고 있다.

권위적인 오콩코는 전통을 철저하게 지키며 살아가지만, 예기치 못한 실수로 인해 마을에서 추방당하고, 7년 동안을 외가에서 신세를 지게 된다. 다시 우무오피아에 돌아올 때쯤에 다른 마을들이 백인들에 의해 점령되었다는 소식을 접하게 된다.

하지만 거기에는 이에 마음이 사로잡힌 한 젊은이가 있었다. 이름은 은워예로 오콩코의 장남이었다. 그를 사로잡은 것은 삼위일체의 이상한 논리가 아니었다. 그는 그것을 이해할 수 없었지만 새로운 종교의 시, 뼛속으로 느껴지는 어떤 것이 그를 사로잡았다. 어둠과 공포 속에 앉아 있는 형제들에 대한 찬송은 이 젊은 영혼을 괴롭혀 온 막연히 계속되는 의문에 답하는 것 같았다. 숲 속에서 울고 있는 쌍둥이와 죽은 이케메푸나에 대한 문제였다. 찬송이 그의 목마른 영혼에 쏟아지자 마음 깊숙이 어떤 위안을 느꼈다. 찬송의 노랫말은 헐떡이는 대지의 메마른 입술에 언 빗방울이 떨어져 녹는 것 같았다. 은워예의 어린 마음은 어찌할 바를 몰랐다.

서구 문명이 들어오게 되면서 그들이 지켜 온 전통은 점점 균열을 일으킨다. 전통이 지닌 단점과 한계가 분명 존재하지만, 지켜 나가야 할 필요가 있는 미덕까지 사라져 갈 처지에 놓여 있다. 소설은 백인들이 기독교를 통해 아프리카에 진입해 뿌리내리는 과정 또한 흥미롭게 보여 준다. 서구 문명은 기독교를 매개로 토착 전통 사회에서는 약자였던 이들을 포섭하기 시작해 그 세력을 점차 넓혀 간다.

어떤 면에서는 교회의 보호 속에서 부당한 관습으로부터 해방이 된 것. 모든 것이 산산이 부서지는 와중에 새로이 지어 올려지는 시간도 있었던 것. 백인들은 학교를 지어 아이들에게 서구식 교육을 제공하고, 급기야 서구식 법으로 마을을 다스린다. 지금까지 부족의 전통이라고 행하던 일들이 금지되고 그걸 어기는 사람은 백인의 법에 의한 처벌을 받는다.

오콩코는 부족의 회합을 감시하러 나온 백인을 죽이게 되고, 앞날을 예상한 그가 스스로 목을 매고 자살하는 것으로 이야기는 끝이 난다. 오콩코는 전통사회의 상징과도 같은 인물로, 그의 죽음은 부족 전통 사회의 종말을 상징하는 듯하다. 서구 세력의 유입에 맞서 부족의 문화와 풍습을 지키려 발버둥 치던 한 영웅적 주인공의 비극적 결말. 이는 개인의 몰락과 시대의 성쇠가 동일선상에 있다는 것을 의미하기도 한다. 분명히 서구 제국주의에게 가장 큰 책임이 있지만, 토착 문화가 돌아봐야 할 책임 또한 거론한다.

그는 자신이 내다 버린 쌍둥이 자녀들이 떠올랐다. 그 아이들이 무슨 죄가 있단 말인가? 대지의 여신이 쌍둥이는 대지에 대한 모독이므로 없어져야 한다는 명 때문에... 그리고 만약 자신들이 위대한 여신을 거역하는 것에 대해 엄정한 벌을 내리지 않는다면, 여신의 저주가 명을 어긴 자들에게

만이 아니라 온 땅에 퍼져 나간다는 것이었다.

중심인물들 각자가 전통 사회의 관습에 부조리함과 불합리함에 갈등하는 순간들이 있다. 전통이라는 명분에 무조건적인 복종을 요구하는 사회, 그러나 인간이기에 수반되는 감정들과의 갈등 또한 어쩔 수 없는 일이다. 전통의 붕괴는 외부의 원인 때문만은 아니다. 이미 내부적으로도 겪고 있었던 시대적 한계이기도 했다. 그러나 폐쇄된 사회 안에서는 어떤 의문도 제기할 수 없다. 그저 의식만 할 뿐이다. 어쩌면 그들에게는 서구의 세력이 어떤 변명이 되어 줄 수 있었던 건 아닐까?

『무기여 잘 있어라』
어니스트 헤밍웨이

희망은 어디에

출간되자마자 4개월 만에 8만 부가 판매되며 헤밍웨이에게 상업적으로 큰 성공과 명성을 안겨 준 작품. 진실을 추구하는 작가에게 '금서'라는 딱지는, 어쩌면 영예일 수 있을까? 전쟁의 아픔과 실태를 리얼하게 묘사했다는 이유로 발매가 금지되었던 저자의 두 번째 장편.

소설이 그려 내고 있는 전쟁의 참상은, 아무 실체 없는 텅 빈 껍데기 같다. 아마도 이것이 실제 긴 전쟁을 겪는 사람들이 생각하는 모습일 수 있겠다. 저자의 경험이 반영된 생생한 전쟁의 현장과 인간 심리의 세밀한 묘사는 간결한 문체 속에 더욱 진한 여운으로 이어진다. 그 어떤 대목에서도 독자에게 특정한 감정을 주입시키거나 강요하지 않지만, 오히려 그 담백함 때문에 감정의 진폭이 더욱 확장되면서 장면들 하나하나가 더욱 감성적으로 다가온다. 전쟁의 무의미함과 이념의 허상, 관계의 소중함에 대하여 복합적이고도 풍요로운 시선으로 풀어낸다.

전쟁의 실상

미국인으로서 이탈리아 소속의 앰뷸런스 부대 장교인 주인공 헨리는, 자원입대했으나 딱히 이렇다 할 큰 신념이 있던 건 아니다. 그가 전장에서 마주치는 여느 군인들과 마찬가지로, 길고도 끝없는 이 전쟁 자체가 너무나 지겹다. 설령 승리한다고 해도, 비인간적인 전쟁을 통해 대단한 걸 이뤄낼 것이라 믿지 않는다. 하지만 군인의 신분인 이상, 어떤 연유로 입대를 했건, 군으로부터 떠나는 것도 자유롭지 않다.

신성이니 영광이니 희생이니 하는 공허한 표현을 들으면 언제나 당혹스러웠다. 이따금 우리는 고함 소리만 겨우 들릴 뿐 목소리도 잘 들리지 않는 빗속에서 그런 말을 들었다. 또

오랫동안 다른 포고문 위에 붙여 놓은 포고문에서도 그런 문구를 읽었다. 그러나 나는 신성한 것을 실제로 본 적이 한 번도 없으며, 영광스럽다고 부르는 것에서도 조금도 영광스러움을 느낄 수 없었다. 희생은 고깃덩어리를 땅속에 파묻는 것 말고는 달리 할 것이 없는 시카고의 도살장과 같았다.

일상일 수 없는 나날들이 일상이 되어 버린 전쟁. 그냥 시대가 그러했을 뿐이고, 그저 이 전쟁이 빨리 끝나기만을 바라는 마음뿐이었지만, 그렇다고 종전에 이바지하겠다는 사명감도 아니다. 그러다 직접 겪게 되는 전쟁의 참상을 통해, 사람들이 도취해 있는 신념의 허망함을 깨닫게 된다.

헨리는 부대원들과 식사를 하던 중 폭파 사고로 부상을 당한다. 애초에 배식을 받으러 이동하는 것 자체가 위험부담이 커서 주변에서 만류하기도 했으나, 곧 공격이 시작되면 밥때를 놓치게 될 부하들을 생각해 다녀오던 차에 사고를 당한다.

팀원들은 그 자리에서 즉사하거나 끔찍한 고통 끝에 사망한다. 어찌어찌 무사히 치료를 받은 헨리, 문병을 온 사람들은 계속 그에게 이번 일로 훈장을 받게 될 거라고 이야기한다. 그가 어떤 영웅적인 행동을 하다 봉변을 당했던 건지 들려 달라며 멋진 영웅담을 기대하기도 한다.

훈장을 통해서라도 조금이나마 위로를 받을 수 있을까? 그러나 결국 당장에 처한 위기에선 그 훈장이 아무런 역할도 하지 못한다. 퇴각 중에 합류하게 된 부대에선, 전쟁의 상황이 마음에 들지 않았던 사병들이 무차별적으로 장교 계급을 사살하고, 헨리 역시 생사의 갈림길에서 가까스로 도망쳐 목숨을 건진다. 훈장 따위가 무슨 소용인가. 이 전쟁으로 이뤄 낼 위대한 것, 혹은 지켜 내야 할 것은 과연 무엇인지 전혀 알 수 없다.

희망은 어디에

이 세상은 모든 사람을 부러뜨리지만 많은 사람은 그 부러진 곳에서 더욱 강해진다. 그러나 세상은 부러지지 않으려 하는 사람들을 죽이고 만다. 아주 선량한 사람들이든, 아주 부드러운 사람들이든, 아주 용감한 사람들이든 아무런 차별을 두지 않고 공평하게 죽인다. 당신이 그 어디에 속하지 않는다 해도 이 세상은 당신 역시 틀림없이 죽이고 말겠지만, 특별히 서두를 필요는 없을 것이다.

부상을 입고 입원한 적십자병원에서 만난 캐서린과 서서히 무르익는 사랑 이야기는, 연애 소설의 형태를 띠기도 한다. 전쟁으로 인한 특수한 상황들이 일상이 되어 버린, 그 혼란 속에서도 사랑은 피어난다. 캐서린과의 인연을 통해 잠간이나마 행복했던 순간들. 그 짧았던 행복 뒤에 기다리고 있던 비극적 결말. 정말로 이렇게 끝나는 건가, 이게 다인가, 라는 질문 사이로 밀려드는 허망함에 책을 덮고도 이야기로부터 빠져나올 수가 없다.

헨리는 참전을 하고 있으면서도 '전사(戰死)'에 관한 문제에는 자신에게 해당되지 않을 일로 생각했다. 그러나 폭파 사고로 죽음의 문턱까지 다녀온다. 캐서린과의 사랑을 통해, 거대한 이념 이외의 모든 의미를 지워 버리는 전쟁 속에서도 삶의 의미를 찾았다고 할 때쯤, 다시 비극으로 돌아서는 삶. 헨리는 신을 믿지 않는다. 믿지 않는 신은 존재하는 것일까? 신의 가호가 과연 정말 우리와 함께하는 걸까? 의지할 것이 없다면, 그렇다면, 희망은 어디에 있는 것일까? 운명에 맞서는 인간의 모습은 아름다울 수 있으나, 아무것도 보장할 수도 보상할 수도 없다.

헤밍웨이가 이 작품보다 20여 년 후 발표한 『노인과 바다』는 굉장히 희망적인 작품이라 느껴진다. 그 결말에서는,

바다 어딘가에 남아 있을 행운을 건지러, 다시 바다로 나아가는 노인을 그려낸다. 하지만 이 『무기여 잘 있거라』에서는 희망이 그려져 있지 않다. 그는 세월과 함께 어떤 깨달음 속에서 희망을 찾아낸 것일까? 혹은 환상으로라도 아직 어딘가에 남아 있을 희망에 대해 이야기하고 싶었던 걸까? 아니면 단순히 세월 속에서 전쟁의 기억이 흐려진 것인지 궁금해진다.

우울하고 허무했던 작품이었지만 그래서 더욱 빛나던 찰나의 행복한 장면을 옮겨 둔다.

길고 텅 빈 복도, 문밖에 나란히 놓인 구두, 두꺼운 카펫이 깔린 바닥, 창밖에 내리는 비와 함께 호텔에서 보낸 그날 밤, 방 안은 밝고 즐겁고 쾌적한 기운으로 가득했다. 불을 끄니 보드라운 시트와 편안한 침대에 가슴이 두근거렸으며 마침내 내 집에 돌아온 듯한 느낌, 이제는 혼자가 아니라는 느낌, 한밤중에 잠을 깨도 사랑하는 사람이 아무 데도 가지 않고 곁에 그대로 있을 거라는 느낌이 들었다.

『바다의 침묵』
베르코르
그녀의 첫인사, 아듀(Adieu)!

그는 말을 계속했다.

"영국 사람이라면 곧 셰익스피어를 생각합니다. 이탈리아 사람은 단테, 스페인 사람은 세르반테스, 그리고 우리나라 사람들은 금방 괴테를 생각하지요. 그다음을 생각해야만 됩니다. 그렇지만 프랑스 작가를 말하라고 하면 금방 누가 떠오르겠습니까? 몰리에르? 라신? 위고? 볼테르? 라블레? 그밖에 누가? 너무나 많습니다. 극장 입구의 군중들 같습니다. 누구를 제일 먼저 넣어야 좋을지 모르겠습니다."

그는 몸을 돌리고 심각하게 말을 했다.

"그러나 음악으로 말하자면 그건 우리나라지요. 바흐, 헨델, 베토벤, 바그너, 모차르트… 누구를 첫째로 꼽을까요?"

2차 세계 대전 시기, 프랑스 점령지에 주둔해 있던 한 독일군 장교는 프랑스 문화를 사랑하는 음악가 출신이다. 숙소로 삼고 있던 민가의 주인인 '나'와 조카딸을, 그가 지닌 인문적 소양으로 대한다. 그러나 그 순수함이 지닌 양가성은, 조국의 파쇼를 걱정하면서도, 전쟁은 정치적 문제일 뿐이며 나치가 타국의 문화를 존중하는 순수의 열의 정도는 지니고 있다고 믿는다. 그런데 이 뉘앙스도 애매하다. 독일로의 합방을 전제한 존중이라는 듯한 분위기로 개진되고 있다.

조선 양반네들의 부패와 무능으로 넘겨준 국권이라고 한들, 아무리 인성이 좋고 조선의 문화를 사랑한 일본군 장교라 해도, 합방을 전제로 조선의 찬란한 문화를 보다 발전시킬 수 있다고 말한다면, 과연 그것이 정말로 조선을 사랑하는 마음일까? 아니면 문화통치의 일환인 걸까? 점령을 당한 입장에서는 그 명분이 어떠하든 간에, 이미 내 조국을 쳐들어온 '적'이라는 사실만으로 저항의 대상이다. '나'와 조카딸의 침묵은 그런 저항의 표현이다. 소설 내에서 등장하는 대사라곤 독일군의 독백뿐이다.

침묵이 다시 한 번 엄습해 왔다. 다시 한 번, 그러나 이번엔 훨씬 더 침울하고 긴장된 침묵이었다. 확실히 그렇다. 이전의 침묵 아래서는 — 마치 고요한 수면 아래서 바다 동물들이 난루하고 있듯이 — 감추어진 갖가지 감정과, 서로 부정하고 투쟁하는 갖가지 욕망과 사상이 해저 동물들처럼 꿈틀거리고 있음을 나는 느꼈었다. 하지만 이 침묵 아래에서는 다만 무서운 압박감만이….

'나'와 조카딸은 처음부터 침묵을 지켰지만, 홀로 말하던 독일군 장교가 어떤 이유에서 침묵에 잠기는 순간들이 있었다. 이를테면 할 말을 떠올리려 하던가, 어떤 기억을 곱씹던가, 복잡한 감정에 휩싸인 고민의 순간을 바다에 빗댄 것이 이 소설 제목이 지닌 의도다. 독일군 장교의 우호적인 태도에서도 긴장감을 놓을 수 없는 프랑스 국민, 그들 사이를 가로막고 있는 수압과도 같은 정황과 정서의 벽. 그러나 '나'는 장교의 몸에 밴 우아한 겸허에 조금씩 그 벽이 허물어지는 것을 느끼기도 한다.

장교는 별채에 머물고 있었고, 별 용무가 없어도 문에 노크를 하고서 '나'와 조카딸을 방문했다. 노크에 대한 반응 역시 침묵이었지만, 장교는 그에 맞는 예의를 강구하며 매번 방문했다. 그 침묵을 깨고 '나'의 입에서 "들어오세요!"라는 말이 흘러나온 날, 장교는 러시아 전선으로 떠나기로 한다.

장교에겐 그동안 자신이 얼마나 순진했던가를 깨달은 시기이기도 하다. 그가 신봉했던 나치의 정책은, 일제가 조선 문화 말살의 일환으로서 먼저 문화회유를 했던 방식과 다르지 않았다. 종국엔 모조리 없애기 위해 일시적으로 포용하는 듯한 제스처를 취하고 있었던 것뿐이다. 그 선봉에서 가장 과격한 골수분자가, 어려서부터 음악과 시를 사랑했던 자신의 동생이었다.

"정신은 결코 죽지 않아. 정신은 유해(遺骸)에서 다시 소생한단 말야. 우리는 천 년 후를 위해서 건설하는 것이야. 우선 파괴하지 않으면 안 돼."

조국의 저의에 환멸과 회의를 느낀 장교는 죽음의 전선으로 떠나기로 했던 것. 항상 노크로 방문을 알렸던 그 문을 마지막으로 열고 나가려던 순간, 조카딸의 침묵도 깨진다. 조카딸이 장교에게 건넨 마지막 인사, 아니 처음으로 건넨 인사. 아듀(Adieu)!

꽤나 짧은 소설. 나치 점령기에 '베르코르'라는 익명으로 출간이 되어, 그 복제본들이 프랑스 각 지방으로 불길처럼 번졌단다. 작가의 본명은 장 브륄레르(Jean Bruller)로, 원래는 문학비평가였다. 파리가 나치 점령 하에 들어가자 시골에 은둔해 목공 일로 생계를 이어 가다가, 다시 파리로 나아가 레지스탕스 운동에 투신했다고, 역자 서문에 적혀 있다.

『분노의 포도』
존 스타인벡
세상 끝에 발이 걸려도

대공황 시기, 미국 중부에 끔찍한 가뭄이 지속된 적이 있던 1930년대 초를 배경으로 하는 소설이다. 오클라호마 주(州)에서 평범하고 성실한 소작인으로 살아가던 사람들이 은행에 자신들의 터전을 빼앗기고, 살길을 찾아 서부의 땅으로 떠나게 된다. 땅과 자연에 대한 애정으로 일군, 소박하지만 부족한 것 없던 삶을 영위하던 사람들이 자본주의 이면의 잔인한 칼날에 속수무책으로 무너진다. 그러나 그 절망 속에서도 연대와 공동체 의식을 통해 희망과 존엄을 잃지 않으려는 모습을 비장한 분위기로 그려 내고 있다.

작가가 1937년 오클라호마 이주민들 사이에 끼어 서부로 이동하며 겪은 경험에서 영감을 받아 집필하였으며, 1939

년 발표 당시 어려운 시절을 보내던 많은 사람들로부터 공감을 얻었다고 한다. 자본이 어떻게 한 사회를 지배하는지, 사람들을 어떻게 서로 갈라놓고 적대감을 심어 놓는지를 적나라하게 묘사하고 있기에, 출간 당시 미국의 여러 주에서 금서로 지정되며 사회혼란을 야기한다는 여론의 질책을 받기도 했다.

그러나 그런 제재가 무색하게도 출간과 함께 즉각적인 대중의 반응을 얻어 베스트셀러가 되었고 첫해에만 40만 부가 판매되었다. 퓰리처상과 내셔널 북어워드를 수상했으며 1962년 그가 노벨 문학상 수상자로 선정된 데에도 이 소설이 큰 영향을 끼쳤을 거라는 의견이 많다.

절망 속에 피는 꽃

모든 것을 잃은 한 가족이 생존을 위해 고된 이주의 길을 떠나고, 어렵사리 도착한 캘리포니아에서도 여전히 자리 잡지 못해 고군분투하는 이야기라, 즐거운 장면보다는 심란하고 우울한 모습을 더 많이 마주치게 된다.

장면마다, 눈에 그려지듯 묘사하는 문장들은 생동감이

넘치다 못해, 처음에는 조금 거부감이 들 정도로 지나치게 센 느낌이다. 톰의 가족이 겪는 고난의 이주 과정을 따라가다 보면, 초반에 등장하는 강렬한 장면들은 오히려 이 책에서 없어서는 안 될 부분임을 깨닫게 된다. 그리고 그 어떤 표현도 주인공이 겪게 되는 시련에 비한다면 과격하지 않다는 것도 알게 된다.

이 소설은 소름 돋는 반전이나 선명한 무지갯빛 미래를 보여 주며 끝나지는 않는다. 계속 고난의 길이 이어질 것이 분명하지만, 그럼에도 불구하고 좌절하지 않는 스스로의 의지가 곧 희망이라는, 묵직한 감동의 메시지를 남겨 둔다. 작가는 어떤 해결책을 제시하거나 사회의 각성을 촉구하기보다는, 그저 소설 속에 묘사된 고통의 시간을 겪는 사람들이 존재한다는 사실을 문학으로 적을 뿐이다.

톰의 가족을 통해 드러나는 사회문제들은 여전히 지금도 해결되지 않은 현대 사회의 숙제다. 외부인에 대한 차별, 자본가까지도 패배하게 만드는 자본주의의 악순환, 어느 하나 가볍게 생각할 만한 것이 없다. 톰의 가족은 그 심각한 문제들을 한꺼번에 맞닥뜨린다.

끔찍한 가뭄과 그보다 더 가혹한 자본가들에게 갈취당하다시피 삶의 터전을 잃어버리고 무작정 서부로 떠나왔지만, 힘든 여정 끝에 도착한 캘리포니아 역시 무법천지의 야생이나 다름없는 상황이었다. 하지만 고난 속에서도 피어나는 희망과 감동이 있었다. 처절한 생존 과정 속에서도 지켜 내는 인간 존엄의 가치들이 연대하며 공동체를 이뤄 나가는 모습은, 진흙에서 피어난 연꽃처럼 마음을 사로잡으며 이 심란한 이야기를 끝까지 이끌어 간다.

최소한의 도덕

땅의 소유주인 은행이 땅을 개간하려 한다는 말을 전하는 직원에게, 그 부당성을 성토하는 톰의 가족들. 농사 외에는 먹고살 게 아무것도 없어 자칫하면 굶어 죽을 수밖에 없는 상황에서의 마지막 선택은 온 가족이 집을 버리고 '서부(캘리포니아)'로 이동하는 것뿐이었다. 그곳의 농장에서 포도를 따며 목화를 따며 일용직으로나마 식량을 살 수 있는 돈을 벌 수 있기 때문이다.

톰의 가족들은 개조한 낡은 중고차에 집안 살림을 싣고 거의 미국 대륙을 횡단하다시피 한 끝에, 서부의 끝 캘리포니아에 도착한다. 여정 중에 맞닥뜨리는 상황들은, 어느 하나 그들에게 호의적인 것이 없다. 잠시 머무는 주유소에서마다, 혹시 무단으로 물을 사용하고 기름을 구걸하는 게 아닐까 하는 의심스러운 눈초리를 받는다. 끝도 없이 몰려드는 이주 행렬에 막연히 느끼는, 외부인에 대한 불편함은 톰의 가족에게도 예외가 아니다. 고향에서는 눈치 볼 일도 경계를 살 일도 없었건만, 삶의 조건이 바뀌자마자 나를 받아들이는 세상의 온도는 이렇게 달라진다.

끝이 보이지 않는, 서부로 가는 길고도 고된 여정에는 서러워할 여유조차 없다. 유목민이 된 사람들은 밤마다 새로운 야영장소에서 자신들과 같은 처지의 유목민들과 어울리며 공존하는 나름의 질서를 터득하게 된다. 야생에 내던져진 것 같은 생활이지만, 그 안에서 적용되는 나름의 규칙이라는 것은 전혀 낯설거나 새로운 것들이 아니다. 서로를 존중하고, 약자를 도와주며, 타인을 괴롭게 하지 않는 등의 기본적인 도덕이다.

삶의 터전이 박탈당한 좌절감, 알 수 없는 미래에 대한 불안감, 제 몸 하나 편히 둘 곳 없는 고단함을 가득 안고 있는 이주민들로 이루어진 작은 사회의 연대 속에서 서로의 온기를 느낀다. 길 위에서 마주치는 이 작은 사회는 임시적이지만, 미래를 위한 힘을 다시 얻어 가는 곳이다. 기본적인 도덕이 지켜지지 않는다면 '그들의 작은 세상이 단 하룻밤도 존재할 수 없게' 돼 버린다.

고된 여행길을 이겨 내지 못해 힘들어하는 할아버지를 한 부부의 선처로 천막 안 매트리스에 급히 눕히게 되었는데, 결국 거기서 할아버지는 생을 마감하게 된다. 임산부가 몸을 뉘고 쉬어야 할 매트리스에 죽은 자를 눕히게 되어 톰의 가족들은 고마우면서도 미안한 마음이 크다. 매트리스의 주인 부부는 너무도 자연스럽게, 당연히 해야 할 일을 한 것이니 괜찮다고 한다.

등 뒤의 공포로부터 도망치는 사람들. 그들에게 이상한 일들이 일어난다. 지독하게 잔인한 일이 일어나기도 하고, 믿음에 영원히 불이 켜질 만큼 아름다운 일이 일어나기도 한다.

난민 신세가 돼 버린 이주민들의 임시 거처에서만 규범과 규칙이 평화로운 삶을 위한 것으로 작동한다. 서부의 기존 질서 속에서 규범과 규칙은 그저 돈과 권력 있는 사람들을 위한 착취의 도구로만 사용된다. 희망의 땅이라고 생각했던 곳에서도 자본의 폭력은 절망의 땅에서와 마찬가지였다. 100명의 예산에 200명 이상을 모아 노동의 삯을 반 이상으로 낮추었고, 노동자들의 단합을 몽둥이와 총으로 응징하였다.

누군가는 해야 하는 일

농사가 주업이었던 톰의 가족들은 대체적으로 남성들의 노동력에 의지해 살아왔지만, 생활의 터전이 서부로 옮겨지면서 차츰 어머니의 목소리와 의견이 두드러진다. 그리고 마지막 장면에서는 여성을 전면에 내세우는 희망을 그려낸다.

어려운 시절에 비로소 힘을 드러내는 강인한 전사 같은 여성성을 표현하는 걸로 보이기도 하지만, 습관처럼 규정되어 온 외형적인 성의 역할이 무의미하다는 것으로 이해해도 좋을 것 같다. 누가 가장이며 누가 리더인지, 그 역할을 미리 지정하는 것이 아니라, 필요할 때 누구든 목소리를 내고 다 같이 함께 나아가는 것. 시련을 헤쳐 나가는, 가족 간에는 물론, 더불어 사는 삶 속에서는 가장 중요한 덕목이다.

쏟아지는 폭우 속에서 여동생 샤론의 출산이 임박해 다

른 곳으로 피신하지 못했던 톰의 가족은, 결국 임시 거처였던 화차에서 물난리를 맞는다. 두려움과 기대 속에서 낳은 아이는 이미 죽어 있었다. 자꾸만 물이 차올라 한기가 든 샤론, 가족들은 아직 몸이 회복되지 않은 그녀를 위해 마른자리를 찾다 우연히 어떤 집의 헛간에 들어가게 된다. 그리고 그곳에서 비참한 광경을 목격한다. 굶어 죽어 가는 남자와 그 옆에서 어쩔 줄 모르는 소년. 어머니와 샤론은 말하지 않아도 서로 해야 할 일을 안다. 모든 사람을 밖으로 내보낸 뒤 아사 직전의 남자에게 샤론이 젖을 먹이는 장면으로 소설은 끝이 난다.

남자는 생활고를 힘들게 버티며 아들만 겨우겨우 챙겼지만, 결국 자신은 그 아이 앞에서 굶어 죽을 지경에 이르렀던 것. 샤론 역시 희망의 끈을 놓은 채, 껍데기만 남은 사람처럼 그저 어머니에게 의지하고 있었다. 그 와중에 갑자기 자신이 해야 할 일, 할 수 있는 일을 맞닥뜨렸다.

성인 남성에게 젖을 물리는 마지막 장면은 '시몬과 페로'에 대한 이야기를 바탕으로 한 고전 명화를 떠올리게 한다. 저 자신도 끝에 걸려 있는 삶이지만, 보다 절박한 상황에 몰린 사람의 생을 구하는 숭고함. 누군가는 자신의 것을 잃을까 봐서, 혹은 자기의 이익을 좀 더 얻고자, 부당한 규칙으로 다른 사람들을 끝으로 밀어붙이려고 할 때, 되레 벼랑 끝에 몰린 사람들은 경계를 넘어 서로를 구원한다.

『소송』
프란츠 카프카
나의 죄는 무엇인가?

누군가 요제프 K를 중상모략한 것이 틀림없다. 그가 무슨 특별한 나쁜 짓을 하려고 하지도 않은 것 같은데 어느 날 아침 느닷없이 체포되었기 때문이다.

답답함의 연속이다. 첫 문장부터 범상치 않다. 요제프 K는 어느 날 소송을 당하지만, 도대체 왜 소송을 당했으며, 마지막에는 왜 처형을 당해야 하는지, 작가는 끝까지 알려주지 않는다. 어떤 면에서는 다소 불친절한 작품. 그렇지만 결국 이 문제는 전체를 아우르는 주제와 연결되어 있다.

요제프 K의 죄는 무엇인지 알 수 없다. 그런데 특이하게도 주변 사람들은 그의 죄가 무엇인지 궁금해하지 않는다.

그저 그가 소송에 어떻게 대처해야 하는지 알려 줄 뿐이다. 근본적인 것들에는 관심이 없다. 원인을 모르는데 어떻게 문제 해결이 될 수 있을까? 소송 과정에서 이런저런 저항의 노력을 잇대어 보지만, 결국은 "개 같군!"이라는 말을 남기며 무기력하게 처형되어진다.

법정 문 앞에서

주인공 K가 사법부에 소속된 신부에게서 소송 진행의 상황과 함께 들은 어떤 이야기. 한 사나이가 법정의 문 안으로 들어오려 하자, 법정의 문지기가 지금은 들어갈 수 없다며 그를 가로막는다. 만일 그 문을 들어선다 해도, 그 안에도 곳곳에 문지기가 서 있고, 안으로 들어갈수록 권력은 더욱 커질 뿐이라고 말한다.

문 앞에서 하염없이 기다리던 남자는 문지기에게 간곡한 부탁과 함께 뇌물을 건넨다.

"당신이 무시당했다고 생각하지 않도록 일단 받아 두기로 하지."

문지기는 말 같지도 않은 말로 둘러대며 그 돈을 받아 챙

긴다.

"많은 사람들이 법을 구하고 있습니다. 그런데도 그 오랜 세월을 두고 나 외에는 누구 한 사람 들어가려고 애쓰는 사람이 없었던 것은 무슨 까닭입니까?"

기나긴 기다림 끝에 남자의 생이 다해갈 즈음, 문지기에게 물었다. 문지기는 이렇게 대답했다.

"이건 오로지 자네만을 위한 입구이므로 다른 사람이 들어갈 수 없는 게 당연하지. 자, 나도 문을 닫고 물러가야겠군."

이 일화는 무슨 의미를 담고 있을까? 법이 평등하지 않다는 것. 푸코가 말하는 권력적 지식의 사례. 보통 사람들은 법에 대해 잘 모르니까, 어떤 조항들의 조합으로 개인을 옭아맬 수도 있다는 것. 반대로 어떤 조항들의 조합으로는 수혜를 누릴 수도 있다는 것. 그래서 부유층들은 대형 로펌의 에이스들을 여럿 고용하지 않던가. 반면 약자의 편에 서서 싸우는 인권변호사들이 있고….

법에 대한 데리다의 견해, 법을 준수하고 사는 사람들은 '법에 도달할 수 없다.' 법의 존재를 깨닫는 것은 법과 접촉한 범법자들만이 가능한 일이다. 법의 전달자는 법관이 아니라 위법을 저지르고 형을 받는 자들이다. 그들이 죄인이 되는 것으로 법의 숭고함이 유지된다. 그러나 같은 죄가 같은 범죄로 성립하느냐를 묻는다면, '무전유죄 유전무죄'의 부조리는 아직도 현재진행형이다.

허위의 질서

가장 중요한 것은 바로 변호사의 개인적인 연줄인데, 바로 여기에 변호의 핵심적인 가치가 있다.

그러나 누누이 강조하는 관리들과의 개인적인 관계는 계속 의심스러웠다. 그런 개인적인 연줄이 과연 K에게 전적으로 이로운 방향으로만 이용될 수 있을까?

모든 것을 진실이라고 생각할 필요는 없어요. 그것을 다만 필연적이라고 생각하기만 하면 됩니다. 허위가 세계의 질서가 되어 있으니까요.

유발 하라리는 본인의 저서들 『사피엔스』, 『호모데우스』,

『21세기를 위한 21가지 제언』을 통해 '허구와 실체를 구분하라'는 일관된 주장을 하고 있다. 모든 만들어진 이야기(돈, 기업, 민족 등)를 실체로 오해하지 말아야 한다고 강변한다.

법은 때로 권력과 부를 유지하고 보호할 목적으로 만들어진 허구의 질서처럼 느껴진다. 일상 세계 어디에서나 법의 영향력이 미치지 않는 곳이 없지만, 실상 보통 사람들에겐 접근하기 쉽지 않은 이야기. 변호사 혹은 법무사를 통해서만 닿을 수 있는 법적 근거. 법이라는 허위의 질서. 전관예우와 비싼 수임료는 법조인 자신의 권력과 부를 보호해 주기도 한다. 우리는 저항하지 않는다. 너무 복잡하고 어렵기 때문이라는 순환의 문제, 혹은 그것은 정의이기에 모든 걸 해결해 줄 거라는 믿음의 문제.

변호사의 방법이라는 것은 의뢰인이 세상사를 다 잊고 소송이 끝날 때까지 이런 잘못된 길로 질질 끌려다니기를 스스로 바라게 만드는 것이었다. 그는 더 이상 의뢰인이 아니라 변호사의 개였다.

권력 앞에 소외당하고 무기력해진 불안한 자신을 마주하

게 된다. 카프카는 '변호사의 개'라고 표현한다. 허위의 질서에 불과한 법, 그러나 그 질서 안에서 허둥지둥하는 이들에겐 혼란인 법. 서서히 자신들도 모르는 법의 지배를 받게 되는 그런 질서.

몽테뉴는 이렇게 말했다.
"법은 정당해서가 아니라 법이기 때문에 신용을 얻으면서 존속한다."
『변신』으로 우리에게 더 잘 알려져 있는 카프카는, 권위주의적이었던 아버지와 다소 아이들에게 무관심했던 어머니 밑에서 외로운 어린 시절을 보냈다. 문인이 되고 싶었지만 아버지의 강요로 법학을 전공했고, 법학을 공부하면서 세상의 부조리와 허위를 느꼈던 것 같다. 그 억압의 토대 위에 쌓인 지식이 『소송』이라는 작품으로 승화된 것이 아닐까.

2. 멋진 신세계

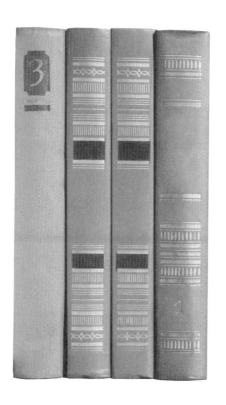

『1984』

조지 오웰

사유의 자유

"내가 가장 하고 싶었던 것은 정치적 글쓰기를 예술로 만 드는 것이다." ― 조지 오웰, 『나는 왜 쓰는가』 중에서 ―

조지 오웰이 집필한 마지막 작품으로, 가장 큰 유명세를 안겨 주었다. 공산주의와 나치즘에서 소재를 얻은 소설은, 전체주의가 지속되고 있는 가상의 미래를 그렸으며, 이 책 을 완성한 해인 1948의 뒤 두 자리를 바꾸어 '1984'로 제목 을 정했다고 한다. 발표하자마자 큰 반응을 얻어 출간 후 1 년 동안 영국과 미국에서 40만 부가 팔렸다.

사회를 감시하고 통제하는 절대적 존재 '빅 브라더'는, 당 시 영국에서 호응을 얻고 있던 스탈린 체제에 대한 환상을 비판하고자 하는 의도였으나, 상황이 많이 달라진 지금에도 여전히 유효한 질문들에 던지는 대명사이기도 하다. 그저 마케팅을 위해 유머러스하게 뽑은 과장된 문구일 수도 있겠으나, '읽지 않았으면서 읽은 척하는 책 1위'라고 한다.

시대적 배경을 토대로 한 작품이긴 하지만, 오히려 가상의 미래에 대한 이야기이기에, 당시의 정치적 상황이나 역사적 사실에 대한 이해가 부족해도 그리 어렵지 않게 읽을 수 있다. 그것들과 무관하게 읽어도 별 지장이 없을 정도로, 큰 울림을 주고 깊은 사색을 유도하는 작품이다. 그런 면에서 이 책의 매력은 작품 자체의 특징적인 요소들보다도 조지 오웰이라는 작가 자신의 본질에 있다.

사회를 지배한다는 것은 결국 대중을 조종하는 것이다 보니, 인간 심리를 꿰뚫어 보는 조지 오웰의 통찰력이 드러난다. 획일화된 사회 속에서 통제당하는 사람들의 면면을, 생각의 자유를 억압당할 때 개인이 보이는 다양한 양상들을 조망한다. 각자의 개성과 서로 다른 삶을 통해 결국 어떤 조건 속에서도 변함없는 인간 심리의 본질을 드러낸다. 복합적이고도 입체적인 감정의 문제들을 작가 특유의 간결한 문체로 생생하게 표현해 낸다.

시간의 기록

어떤 면에서 당의 세계관은 그것을 이해할 능력이 없는 사람들에게 가장 잘 받아들여졌다. 그들은 자기들에게 요구되는 것이 얼마나 끔찍한 일인지도 납득하지 못할뿐더러 현재 일어나고 있는 공적인 사건에 대해 무관심하기 때문에 가장 악랄한 현실파괴도 서슴지 않고 받아들일 수 있었던 것이다. 말하자면 그들은 무지로 인해 정상적인 정신 상태를 유지한다고 볼 수 있다.

'빅 브라더'로 대표되는 정부는 궁극적으로 사람들의 정신을 지배한다. 사용하는 어휘를 제한하며, 습관과 기본적인 욕구까지 통제하려 한다. 옆집에 사는 파슨스처럼 적극적으로 바보가 되는 사람, 윈스턴의 전 부인 캐서린처럼 조직에 그저 순응해 사고력 자체가 아예 없는 기계 같은 사람, 그리고 줄리아처럼 사회에 큰 기대 없이 약간의 일탈을 꿈꾸며 즐거움을 찾는 사람. 그렇게 정부는 개인을 길들이며, 개인은 성향에 따라 각자 다른 방법으로 적응해 간다.

언어학자 사임은 현재의 체제 속에서 자신이 담당하고 있는 일을 적극적으로 정당화한다. 기존의 어휘를 삭제함으로써 표현의 다양성을 제한하는 신어 작업에 참여하고 있는 그는, 언어의 기능을 정확히 파악하고 있다. 생각과 감정을 표현할 어휘가 줄어들수록 결국 사고의 폭도 좁아지게 된다는 것을 누구보다 잘 이해하지만, 언어를 제한함으로써 궁극적으로 사상적 저항을 미연에 방지할 수 있다면서 희망찬 미래를 기대하듯 신어 예찬론을 펼친다.

조금의 의심이라도 품는다면 바로 적용할 수 있는, 자비 없는 죄목이자, 가장 많은 사람들이 저지르는 죄인 '사상죄'. 사임처럼 지적인 사람이라면 사람은 누구나 지적 성찰을 하게 있게 마련. 사임만큼이나 지적이며, 그래서 위태로워 보이는 주인공 윈스턴은 항상 자신 내면의 소리에 귀 기울이고 사유하기를 멈추지 않는 사람이다. 자기 자신에 대해서 생각하는 것을 넘어, 전체를 바라보고 이해하고 싶어 한다. 그러나 무엇인가 잘못되고 있다는 걸 느끼면서도 함부로 지성을 드러내지 않을 정도로 신중하다. 연인인 줄리아가 일탈을 통한 단순한 유희를 누리고자 하는 것과는 달리 그는, 즐거움 그 이상을 희망한다. 등장인물 중 가장 깨어 있는 사람이지만, 이 사회에서는 가장 제정신이 아닌 사람에 가깝다.

역사와 지난 모든 흔적을 지워 버리는 체제 속에서, 그는 작은 공책에 펜으로 자신의 기억과 과거를 기록한다. 언제고 일기장이 발각되어 처벌받게 될 것이라고 생각하고 있다. 그러나 또한 자유롭게 사유하고 의견을 표현할 수 없는 상태로는 제대로 살고 있는 게 아니라고 느낀다. 때문에 언제 닥칠지 모를 체포되는 순간까지, 꾸준히 적기로 마음먹는다.

원스턴은 과연 자신이 무엇을 위해서 일기를 쓰는지 다시 한 번 생각해 보았다. 미래를 위해서? 과거를 위해서? 아니면 가상의 시대를 위해선가? 그의 앞에는 죽음이 아니라 무(無)가 있을 뿐이다. 일기는 재로 변할 것이고, 그 자신은 어디론가 증발되어 버릴 것이다.

그에게 인간답다는 건, 끊임없이 내면의 소리에 귀 기울이는 것. 감춰지고 사라지고 왜곡된 기록으로만 남아 있는 과거의 진실을 알고 싶고, 자신이 살고 있는 세상의 진짜 모습을 보고 싶어 한다.

사랑보다 깊은 이해

노동자 계급 '프롤'들의 거주 지역에서 그는 과거의 단서와 마주하게 된다. 지금은 사라진 옛 단어를 사용하는 노인에게 뭐라도 들을 수 있을까 싶어 질문을 해보지만, 제대로 된 답변은 듣지 못한다. 윈스턴은 정부가 선전하는 대로 '과거는 더 나쁜 사회였는지' 물어보지만, 그의 질문은 '더 좋은 사회'를 판단하기에 정확하고 충분한 기준이라고 할 수 없다.

과거에는 자본가들에 의한 불합리한 노동력의 착취가 만연했다고 하는데, 정말 그렇게 과거가 더 나쁜 사회였냐고, 계속해서 물어보지만 그의 질문은 어쩐지 핵심을 비껴나간 것 같다. 프롤의 입장에서는, 공정하지 못한 사회 구조 속에서 지배 계급에 의해 노동력을 착취당했던 과거가, 어떤 면에서 현재와 전혀 다를 것이 없다.

연인과의 사랑은 때로 사랑 너머에 있는 것들에게까지 질문을 던지기도 하는 것처럼, 윈스턴과 줄리아와의 사랑 역시 질문의 범주를 넓혀 간다. 그저 본능이라고 당연하게 생각해 왔던 연인 간의 사랑이, 사회가 조건지우는 환경에 따라 지금 우리가 지향하는 바와 전혀 다른 형태일 수 있다.

성장과정과 쌓여 온 기억에 따라 개인이 삶을 대하는 태도가 얼마나 달라질 수 있는지에 대해서도 생각해 보게 된다.

애정은 무르익어 가지만, 사생활에 대한 수많은 금지 사항이 있는 사회에서 길들여진 윈스턴은 자신이 느끼는 감정이 자연스러운 것인지조차 확신하지 못한다. 윈스턴과 줄리아는 사랑이라는 감정 외에는 공통분모는 전혀 없다고까지 느껴질 만큼, 서로 사랑하지만 세상을 바라보는 시각과 삶에 대한 태도는 판이하게 다르다.

이전의 역사를 전혀 알지 못한 채, 강력한 통제 속에서 나고 자란 줄리아는 결코 무너지지 않을 빅 브라더의 체제의 굳건함을 오히려 윈스턴보다 더 날카롭게 파악하고 있다. 그 경계를 잘 알기 때문에 오히려 사회의 규범을 어기는 것에 있어서는 더 대담할 수 있고, 아이러니하게도 '행복한 삶'에 대한 희망도 지니고 있다. 사랑이라는 감정이 사람을 얼마나 용기 있고 무모하게 만드는가. 줄리아에 대한 윈스턴의 감정 역시, 자유연애 자체가 반정부적인 행위라는 것이 가장 큰 동기였다.

윈스턴에게는 어렴풋하게나마 어릴 때의 기억이 남아 있다. 두 사람의 입장 차이는 단순히 성격 차이를 넘어 세대 차이, 그리고 같은 과거를 공유하고 있지 않은 사람들의 간

극을 복합적으로 보여 준다.

잘못된 신념으로 확신에 찬 오브라이언. 그는 어쭙잖은 수많은 당원들처럼 맹목적이지 않으며 개인의 이익만을 추구하는 이기주의자도 아니다. 단지 잘못된 확고한 신념을 지니고 있을 뿐이다. 윈스턴만큼이나 똑바로 정신을 차리고 있지만 그의 생각은 사회가 지향하는 방향과 일치한다는 점이 윈스턴과 크게 다르다.

선수가 선수를 알아보듯, 그렇게 둘은 서로를 알아본다. 자신을 이해해 주는 사람, 속을 털어놓을 수 있는 사람, 아니 속을 털어놓지 않더라도 그저 같은 결의 대화를 나눌 수 있는 사람이 주변에 아무도 없었던 윈스턴은 직감적으로 오브라이언과는 말이 통할 것임을 알고 그와 교류하고 싶어 한다.

언제나 더 갈구하는 사람, 더 애정하는 사람이 패자인 법. 이 둘 사이의 관계에서도 어김없이 이 법칙은 적용된다. 그래서 언제나 신중하고 자신을 감추는 데 능숙했던 윈스턴은 오브라이언에 대해서만은 경솔한 판단을 내리고 결국 덫에 걸려들고 만다.

오브라이언은 윈스턴과 반대편에 서 있는 정적이라는 게 밝혀지지만, 서로에 대해 잘 이해한다는 사실은 변함이 없다. 오브라이언은 누구보다 윈스턴을 잘 아는 인물이기에, 사상죄로 그를 다루며 심문하는 과정에서조차 윈스턴의 생각을 간파하고 있다. 그가 거짓말로 대답하는지, 얼마나 많은 생각의 변화가 있었는지, 어느 정도로 그가 자기 자신의 생각을 포기했는지에 대해….

사랑하는 연인조차도 잘 이해하지 못했던 그를 유일하게 알아주는 사람이 하필 나의 적이자 권력자였다. 그가 자신을 파멸시킨다 해도 영원히 세상과 소통하지 못한 채 지내는 것보다 오히려 그와 소통할 때 더 세상에 속해 있음을 느낄 수 있다. 윈스턴이 평소의 신중함을 잃어버리고 오브라이언이 놓은 덫에 걸려든 건 오로지 이해받고 싶은 갈망 때문이었다.

주름진 데다 못생겼지만 엄숙하면서도 지성적인 그의 얼굴을 보자 마음이 차분히 가라앉는 것 같았다. 움직일 수만 있다면 손을 뻗어 오브라이언의 팔이라도 잡고 싶었다. 그는 그 순간만큼 오브라이언을 깊이 사랑한 적이 없었다. 고통을 멈추게 해주었기 때문만은 아니었다. 오브라이언이 친구이든 적이든 본질적으로는 아무런 상관이 없다는 식의 옛정이 되살아났던 것이다. 오브라이언만이 대화를 나눌 만한 사람이었다. 아무래도 인간은 사랑받기보다 이해받기를 더 바라는 것 같다. 오브라이언은 윈스턴에게 미칠 지경에 이를 정도로 고통을 가하고 나중에는 틀림없이 사형장으로 보낼 것이다. 그래도 상관없다. 둘은 어떤 의미에서 친구보다 더 깊은 관계다. 실제로 입 밖에 내어 말한 적은 없지만 두 사람은 어디에서든 만나서 대화를 나눌 수 있을 것이다.

그 말을 들은 순간, 그 무엇으로도 막을 수 없을 듯한 오브라이언에 대한 존경심이 윈스턴의 가슴에 가득 흘러넘쳤다. 이 얼마나 지적인 사람인가 하고 그는 생각했다. 오브라이언은 그가 말한 모든 것을 하나도 빠뜨리지 않고 이해했다. 오브라이언 외에 그 누가 윈스턴이 줄리아를 배반하지 않았다고 그 즉시 대답할 수 있겠는가. 고문으로 짜내지 못할 것은 아무것도 없다. 그는 그들에게 자신이 알고 있는 그녀에 대한 모든 것을 털어놓았다. (중략) 그러나 그의 생각으로는 여전히 줄리아를 배반한 것이 아니었다. 그는 아직도 그녀를 사랑하고 있었다. 그녀에 대한 감정은 예전과 같았다. 오브라이언은 설명을 듣지 않고도 그가 무엇을 말하려는지 알고 있었다.

고문 속에서 우선 자존심을 내팽개치게 된다. 고통에 울부짖고, 상대방이 원하는 진심이 아닌 것들을 말하게 된다. 생각을 개조하겠다며 윈스턴을 한 번 더 끌어내린다. 내가 옳다고 생각하는 것, 자연스럽게 진실이라고 생각한 것들은 다 잘못된 것이라고, 그 병을 치료할 것이라고 윈스턴은 말한다. 그러나 거짓으로 임시적으로 동조하는 것은 허락되지 않는다. 오브라이언은 끊임없이 자신의 논리를 설명하고 설득한다.

윈스턴은 한 번 더 자신을 포기한다. 자존심을 버리는 걸로는 부족해 자신을 포기한다. 하지만 이걸로도 여전히 충분치 않았던 오브라이언은 더 내놓으라고 요구하듯 윈스턴을 극한으로 몰아간다. 윈스턴이 마지막으로 붙들고 있던 그 어떤 것까지 다 내려놓기를 원한다. 결국 윈스턴은 줄리아에 대한 사랑을, 사람이 가장 순수하게 타인을 위하는 그 마음을 내팽개치게 된다. 극한의 공포를 경험하게 되자 윈스턴은 그 공포에서 벗어나기 위해, 야수에게 먹잇감을 던지듯 줄리아의 이름을 말한다.

사랑을 배신하는 것, 스스로를 배신하는 것은 돌이킬 수 없는 상처를 남긴다. 그렇게 할 수밖에 없도록 몰아간 외부적인 압박이 절대적으로 악랄한 것이지만, 그럼에도 불구하고 내 바닥을 봐버린 상처는 결국 고스란히 내 안에 남게 된다. 어떤 뻔뻔함으로도 덮을 수 없는 수치심과 자기혐오, 사랑에 관해서만이 아닌 이 세상의 모든 것들에 관한 무기력을 안고서, 윈스턴은 석방된다.

윈스턴은 완전히 체념한다. 마치 껍데기만 남은 사람처럼 하루하루를 살아간다. 자신이 이때까지 품었던, 도저히 잠재워지지 않았던 의구심과 저항감은 다 사라지고 빅 브라더의 존재와 그의 힘을 수긍하며 마음의 평화를 얻는 걸로 이야기는 끝난다. 윈스턴의 완전한 몰락을 보여 주는 마지막은 형식적으로는 마치 해피엔딩 같은 모습을 하고 있다. 자신의 마음만 조금 다르게 고쳐먹으면, 괴롭기만 하던 내면의 투쟁으로부터 되레 자유로울 수 있으니까.

오브라이언은 사상죄를 저지른 그의 생각이 완전히 '치료'가 되는 때에야 처형할 것이라고 알려 주었고, 그래서 마지막 장면은 오히려 윈스턴의 자살에 가깝게 느껴진다. 희망이 전혀 없다는 걸 확신하게 된다면 누구라도 더 이상 살고자 하는 의지를 갖기 힘들 터. 그가 완전히 포기하는 순간, 죽은 것과 다름없던 무의미한 삶도 총알 한 방과 함께 끝나 버렸다.

『구토』

사르트르

머지않은 어느 날

내 생각은 이렇다. 가장 평범한 사건을 모험으로 만들려면 그냥 남에게 '이야기'만 하면 된다. 그것이 바로 사람이 속는 부분이다. 인간은 늘 이야기를 한다. 자기의 이야기와 타인의 이야기에 둘러싸여 살고 있는 것이다. 이야기를 통해서 자신에게 일어나는 일을 본다. 그리고 남에게 이야기하는 것처럼 살아 보려고 애쓴다.

스토리의 단초가 되는 사건은 물수제비다. 물가에서 조약돌을 집어 드는 순간에 엄습한 알 수 없는 불쾌감, 갑자기 구토가 인다. 무슨 이유에서일까? 주인공 로캉탱은 그 이후로도 간간히 일상의 어느 순간마다 구토를 일으킨다. 그 원인을 찾기 위해 일기를 써 내려간다. 그 일기가 독자들에겐 이 소설이다. 어느 날 그 원인을 한 공원에 심어져 있는 마로니에 나무에서 찾아낸다. 그 구토 자체가 자신이었노라고….

사르트르의 『구토』는 계보를 거슬러 올라가 키에르케고르의 '현기증'으로 설명할 수 있는 실존의 키워드인지도 모르겠다. 진리라고 믿었던 것들이 진리가 아니었다고 확인하는 순간에 현기증을 일으킨다. 니체는 입덧에 비유한다. 우리가 본질이라고 믿고 있는 규정 이면에 자리한 실재, 기존의 믿음을 게워 낸 자리에 새로운 지평이 잉태되고 있는 것이다.

존재는 항상 일정한 가치체계에 준해 규정될 뿐, 우리는 그 순수존재에 대해 알 수 없다. 조약돌의 존재는 조약돌 스스로 규정한 것이 아니다. 우리의 목적성을 투영해 물수제비용으로 던질 뿐이다. 조약돌 스스로 저 자신의 존재를 규정하는 방식을 우리는 알지 못한다. 마로니에 나무 뿌리 역시, 우리가 인식하는 결과다. 나무 저 자신에게도 그것이 뿌리일까? 세상 모든 것이 우리의 언어를 투영해 인식하는 것뿐이다. 그렇다면 우리 스스로에 대한 인식은 과연 순수한 것일까? 사회로 기입되는 그 순간부터 우리는 언어의 지배를 받기 시작한다.

언어 밖의 실재는, 태초에 '말씀'이 있기 전의 혼돈 그 자체다. 존재들은 그저 거기 있을 뿐, 어떤 의미와 목적을 지닌 채 거기 있는 것이 아니다. 우리는 '나무'라고 부르지만, 정작 자신은 인간이 '나무'라고 부르는 것으로서의 의미와 목적으로 그곳에 있는 것이 아니다. 우리는 언어로 의미를 부여하며 이 존재를 인식하지만, 실상 존재 자체는 목적적이지 않다. 존재 자체는 모두 우연의 산물이라는 이 주제가 사르트르의 무신론까지 이어지는 것이기도 하다.

언어적 규정으로부터 자유로운 상태, 그곳에 펼쳐진 세계의 실재. 그러나 그런 실재에 우리는 익숙하지 않다. 언어가 규정하는 본질에서 벗어난 사물 그 자체의 세계는 우리에게 혼란이다. 현기증이 일어난다. 구토가 인다.

즉자와 대자

사르트르의 『구토』는 대체로 『말테의 수기』를 바탕으로 쓴 작품이라고 한다. 『말테의 수기』를 읽어 본 분들은 알겠지만, 만만치 않게 재미없다. 그렇다고 사르트르의 철학이 재미있길 하나. 그 이중고를 안고 읽어 내리는 소설의 서사는 실상 단순하다. 주인공 로캉탱은 18C의 모험가 로르봉 후작의 전기를 쓰고자 자료 조사를 하고 있는 중이었다. 이전까지 그 자신이 여행가이기도 했던 로캉탱은 전기 작업을 위해 부빌이라는 도시에 체류 중이다. 그 도시에서 겪게 되는 일련의 '낯선 익숙함'들. 즉 존재와 삶에 대한 실존적 자각의 와중에 느낀 존재와 삶의 부조리, 그것이 그가 겪는 구토 증상의 원인이다.

사르트르 철학의 키워드를 빌려 설명해 보자면, 즉자와 대자 그리고 지향성에 관한 자각이다. 우리는 현상을 그 자체의 즉자적인 성질로 인식할 수 없다. 그것이 무엇이든 간에, 나의 가치가 투영된 대자적 해석으로서의 인식이 있을 뿐이다. 그러나 나의 지평으로 가닿은 세계가 과연 이 세계의 진면모일까? 이를테면, 내가 간직하고 있는 그의 이미지가 과연 그의 참된 모습일까에 대한 문제. 내가 생각하는 그와 그의 존재 자체가 일치하지 않기에, 타인은 내 예상과 의지대로 제어할 수 없는 범주이다. 때문에 우리는 타인을 나의 생각대로 사물화(즉자)시켜 이해하려 든다. 타인에게는 내가 그런 타인일 터, 사르트르는 타인의 이런 속성을 '지옥'에 빗댄 것.

로캉탱이 물수제비를 뜨려고 집어 올렸다가 구토를 일으킨 조약돌을 떠올려 보자. 조약돌은 그 자체로는 물수제비를 위한 도구가 아니다. 그저 저 자신으로서 그 자리에 놓여 있던 무엇이었을 뿐, '조약돌'이라는 언어조차도 인간의 입장에서 이름붙인 대자적 개념이다. 목적론적 이해의 바깥으로 벗어나 있는 사물들, 또 그 세계. 즉 나에 대한 도구적 가치 범주에 벗어나 있는 것들은 내 이해를 벗어난 입장이다. 나에 대한 무엇이 아니라, 그 자신으로서의 무엇이다. 그 낯섦에 대한 자각으로 구토를 일으킨다.

이 도식을 대타적 관계에 적용해 보자. 관계 속을 살아가는 인간이지만, 개개인들은 결국 누군가에 대한 무엇이 아닌 그저 그 스스로 대한 무엇으로 살아간다. 그런데 내 인식의 대상이 아닌 존재 그 자체로서의 상황이, 결국 타인의 입장에서는 내 자신의 모습이기도 하다. 타인에게는 내가 '지옥'이다. 내 의지에서 벗어난 우연적 존재, 그렇듯 모든 것은 우연성의 토대 위에 존재한다. 내 눈앞을 스쳐 지나는 저 아름다운 여인도, 내 뺨을 스치는 시원한 바람도, 그 모두가 나의 필연을 해명하기 위한 것이 아닌 그저 저 자신이 담지한 우연성으로 존재하는 것이다. 필연으로의 해석은 그 존재 자체가 지닌 문제가 아니라, 존재를 바라보는 인식에 관한 문제일 뿐이다.

물론 우리는 타인과의 관계 속에서 오롯한 자기만의 매트릭스를 갖지 못한다. 타인의 시선 속에서 자신을 검열하고 수식하는 대타적 존재, 라캉에 따르면 그것은 의식의 차원을 넘어 무의식에 뿌리를 박고 있는 타자화된 주체이기도 하다. 들뢰즈는 랭보의 시를 인용한다. je est un autre, '나'란 한 사람의 타자이다. 사르트르는 이 모든 것이 단절된 상황에서 느끼는 순수 주체로서의 혼란을 로캉탱의 구토로 설명하고 있다. 로캉탱이 부빌에서 느꼈던 고독과, 그 고독에 얽힌 이런저런 우연적 사건들이 그 실존적 자각의 토대이다.

자신만의 시간으로

로캉탱은 로르봉 후작의 전기 작업을 도중에 포기한다. 타인의 과거를 기록하는 일이 자신에게 무엇을 가져다줄 수 있을까? 왜 나의 현재를 타인의 과거에 매몰하고 있을까? 이 질문은 과거의 연인이었던 안니에게도 던져진다. 헤어지기는 했지만, 여전히 자신의 이상으로서 회상하던 연인과의 재회는, 로캉탱에게 '지금 여기'를 흐르고 있는 현재의 속성을 일깨워 준다. 예전보다는 다소 뚱뚱해진 모습, 그리고 너무도 세속적인 가치에 찌들어 있는 자신의 이상 앞에서, 로캉탱은 자신이 현재를 살지 못하고 그저 과거의 관념에 사로잡혀 있었다는 사실을 깨닫게 된다. 그 집착이 행위화 된 경우가, 로르봉이 살았던 삶의 가치를 추종하며 그의 전기를 쓰고자 했던 작업이다.

사르트르는 결말 부분에 로캉탱의 구토를 멈추게 하는 매개로, 「머지않은 어느 날(Some of these days)」이라는 제목의 재즈곡을 등장시킨다. 이는 스스로를 구원하는 예술과 문학의 기능에 대한 사르트르의 대답이기도 하다. 저마다의 지향성으로 직조되어 있는 세계, 그 안에서 언제나 저마다의 현재적 가치를 반영하며 재해석되는 주제들이 바로 예술과 문학이다. 그러나 또한 한 명의 크리에이터는, 다른 누군가에게 영향을 미칠, 자신의 작품을 만들어 가는 것이기도 하다. 하여 그 누군가들에게 크리에이터는 항상 현재진행형의 과거이자 미래이다. 그 기투(企投)적 시간의 가치가 집약된 산물이 예술이며 문학이란 것이 사르트르의 입장. 누군가의 과거를 그러모으는 전기 작업을 포기한 주인공 로캉탱은 자신의 미래로 남겨질 소설을 쓰기로 결심한다.

『말테의 수기』
라이너 마리아 릴케
시인이 되어 가는 동안에

실존주의 문학

　말테는 덴마크의 몰락한 귀족 출신이지만, 혈혈단신이 된 처지로 파리에 체류 중이다. 사람들이 생계를 위해 대도시로 몰려들 듯, 그 역시 희망을 찾아 19C 유럽의 수도로 건너왔지만, 내내 그와 함께하는 정서는 상실감이다. 그가 하는 일이라고는 도시가 지닌 불안을 관찰하거나, 유년시절과 사춘기 시절의 과거를 회상하며 내면의 고독에 전념하는 것. 그러나 그 상실의 시대로부터, 세상을 치밀하게 바라볼 수 시인으로서의 감각이 트레이닝이 된다. 당시 '실존'의 철학과 문학이 공유하고 있는, 無로부터 구원의 단서를 발견한다는 전형적인 주제이기도 하다. 『말테의 수기』가 담고 있는 실존적 자각을 대변하는 부분은, 소설에 인용된 보들레르의 시일지도 모르겠다.

모든 사람에게 불만이고, 나 자신에게는 더욱 불만이지만, 이 한밤의 고독과 적막 속에서 나를 되찾고 긍지를 되찾는다. 내가 사랑했던 사람들의 넋이여, 내가 노래했던 사람들의 넋이여, 나를 강하게 해주소서. 나를 북돋아 주소서. 그리고 세상의 허위와 부패한 공기를 내게서 멀리 해주소서. 그리고 당신, 나의 신이여! 내가 인간 말짜가 아니며, 내가 경멸하는 자들보다도 못하지 않다는 것을 스스로에게 증명할 수 있을, 몇 줄의 아름다운 시를 쓸 수 있게 은총을 내려주소서. – 보들레르, 『파리의 우울』 중, 「새벽 1시에」 –

릴케가 '실존'의 시대를 대표하는 문인이라는 점에서, 말테가 덴마크 출신의 젊은 시인이라는 설정도 유의미한 우연이 아닌가 싶다. 릴케는 『말테의 수기』를 쓰기 시작할 즈음에 파리를 떠나 몇 년간 코펜하겐에서 생활한다. 그리고 시인의 고독과 불안을 신앙적 승화로 그려 내는 소설의 결말에서는, 덴마크가 낳은 철학자 키에르케고르의 삶이 겹치기도 한다. 쇼펜하우어의 철학을 읽고서 철학자의 길로 들어선, 실존의 기점이 되는 두 철학자가 키에르케고르와 니체다. 쇼펜하우어의 염세주의로부터 각자의 긍정으로 뻗어나온 철학이라는 점에서, 『말테의 수기』가 데카당스의 전기와 실존의 후기를 가르는 릴케 문학의 개인사적 의의라는 사실도 우연치곤 재미있다.

키에르케고르와 니체 모두 교조화되고 정치화된 신학을 거부했지만, 니체가 인간에 의해 만들어진 '신'이란 관념을 전면적으로 거부했던 반면, 키에르케고르의 실존은 그것을 전제로 한다. 니체는 인류가 무한의 신을 인간의 유한한 관념에 가두고 인간의 편의대로 신의 명분을 남용한다는 입장이지만, 키에르케고르는 그 유한한 관념 속에도 무한이 깃들어 있는 사례를 제시한다. 키에르케고르가 제시하는 사례가 바로 신을 소재로 표현하는 예술가들이다. 그것이 유한의 관념일지언정, 예술가들은 신에게 닿고자 하는 무한의 이념으로 신을 표현한다.

신만이 그를 사랑할 수 있는 것이라고 그는 생각한다. 그러나 신은 아직 그를 사랑하려 하지 않는다.

도저히 해명되지 않는 상실감에 허덕이며, 세상에 대한 사랑도 거의 체념의 상태에 이른 말테는, 신을 향한 사랑에서 구도의 길을 찾는다. 『말테의 수기』의 마지막 장면은 신을 향한 무한의 이념으로 시를 쓰겠노라는 시인의 다짐이다. 고독과 불안을 잇대는 우리의 삶을 돌이켜 보면, 신은 우리를 사랑하지 않는 것 같다. 그러나 사랑은 받는 것이 아니라 주는 것이며, 그것이 우리가 신을 사랑하는 방법이기도 하다. 우리는 신의 사랑을 기대할 수 없다. 그래서 우리가 신을 사랑하는 것이다. 이것이 키에르케고르가 말하는 '신 앞에 홀로 선 단독자'로서의 실존이기도 하다.

그리고 루 살로메

니체가 청혼을 했다가 까인(?) 일화로도 유명한 루 살로메는, 학문과 결혼했다는 말이 어울릴 정도로, 남자를 이성으로 대하는 방식에는 별 관심이 없었다고 한다. 철학자로서의 니체를 존경해 마지않았지만, 그를 허락하지 못했던 이유가 니체라는 남자여서는 아니었다. 워낙 사랑의 감정엔 익숙하지 않은 그녀였다.

수많은 당대 지성들과 염문을 뿌렸다는 그녀에 대한 수식은 순전히 남자들 입장에서 이루어진 정리인지도 모르겠다. 그녀는 그저 연구에 대한 열정으로 그들과 교류하고 싶었을 뿐인데, 남자들이 그녀의 지성미에 애를 태웠다. 그녀의 결혼 역시 남자 쪽에서 자해의 진상을 떨며 억지로 성사시킨 경우일 뿐, 사랑은 없었다.

17살의 연상인 니체를 거부했던 살로메는 세월이 흘러 14살 연하의 릴케와 사랑에 빠진다. 그녀의 나이 36살에 처음 사랑이란 감정이 찾아온 것. 그러나 이미 억지스럽게나마 유부녀의 신세였던 그녀에게는 현실적 제약이 따랐고, 또한 릴케가 그녀와의 사랑이 무색하다 싶을 정도로 다소 애매한 시기에 덜컥 다른 여자를 만나 결혼을 한다. 그러나 이후에도 정신적 교감은 유지가 된다. 이때부터 릴케에 대한 살로메의 사랑은 아들을 대하는 어머니의 자애와도 같은 성격으로 변해 간다.

살로메를 만나기 전까지, 아직은 채 여물지 않았던 릴케의 문학이란 그야말로 데카당스였다. 이는 어린 시절의 트라우마가 덧대어진 결과이기도 하다. 그의 어머니는 릴케보다 먼저 태어나 일찍 죽은 누이를 대신해 릴케를 딸처럼 키웠다. 또래 남자아이들과 어울리지 못했던 어린 시절의 고독과, 여자 아이로 자라난 불분명했던 성정체성이 그의 청년시절까지 들러붙어 있었다. 어쩌면 그런 상처 입은 영혼이, 그가 문인으로서 살아갈 수 있게 한 동력일 수도 있었겠지만….

말테는 곧 릴케의 페르소나이다. 그래서인지, 그가 어린 시절에 지녔던 성정체성에 대한 회상을 적은 구절이 있다.

> 어머니는 이전에 내가 사내가 아니고 계집아이였더라면 하던 때가 있었다. 나는 그것을 알고 있었다. 그래서 나는 때때로 어머니의 방문을 노크할 때면 목구멍이 간지러워질 정도로 상냥한 목소리를 냈다. "누구"냐고 물으면 밖에서 "소피예요."라고 대답하는 것이 재미있었다. 어머니의 방에 들어가면 나는 벌써 소피가 되어 있었다.
>
> …
>
> 심술궂은 말테가 불쑥 들어와 소피가 말테와 뒤섞이지 않도록 나는 일부러 그런 짓을 했다. 어쨌든 말테가 오면 곤란했다.

릴케의 이름은 원래 르네였다. 너무 여성스러운 이름이라는 살로메의 지적에 라이너로 바뀐 것. 즉 살로메와의 사랑은 그의 남성성을 확고히 한 사건이기도 했다. 또한 그녀가 존경했던 니체의 영향을 받아, 글도 점차 '생의 의지'와 '실존'의 성격으로 변해 간다. 『말테의 수기』는 릴케의 전기와 후기를 나누는 분수령이기도 하며, 그 자신이 파리에서 겪은 시절에 대한 회상이기도 하다. 이 시기가 살로메의 입장이 연인에서 어머니로 변해 가는 시기이기도 했다. 릴케가 어린 시절에 겪은 결핍, 즉 남성성이 향하는 여성과 남자아이로 다독이는 어머니의 모습을 모두 살로메에게서 겪은 셈.

각자에게 부여된 죽음

시인이 되고자 하는 말테가 파리에서 지내며 느낀 점을 메모로 풀어 나가는 작품으로, 특별히 중심이 되는 서사 없이 단락별로 다양한 단상을 기록한 형식이다. 의식의 흐름에 따라 한 주제에 집중해 서술하다가, 다음 이야기로 넘어가곤 한다. 릴케가 목격한 대도시의 이면, 고독감과 우울 등의 정서가 영감이 되었다.

시인이 쓴 소설답게 시어로 가득한 소설. 릴케가 매번 사용하는 언어들은 아름답고, 감각적인 문장들의 연속이지만, 그것들이 표현하는 바는 지독히 어둡다. 파리 골목골목에 배어 있는 우울함, 활기찬 대도시 뒤편으로 소외된 가난한 이들의 피곤한 삶, 여기저기서 목격하는 죽음의 그림자들이 끊임없이 나열된다.

　사람들은 살기 위해서 여기로 몰려드는데, 나는 오히려 사람들이 여기서 죽을 것 같다는 생각이 든다.

　말테가 대도시에서 목격하는 죽음은 획일화되었고 몰개성적이다. 과거에는 모두 각자의 집에서 각자의 방법으로 맞이했다면 대도시의 죽음은 모두 병원에서 이루어진다. 그는 항상 죽음의 공포에 시달리며 살아간다. 그러나 죽음도 삶의 일부라는 표현을 그 누구보다 깊게 이해하는 사람이다. 그는 죽음 또한 살아가는 과정과 마찬가지로 한 사람의 본질을 나타내는 것이라 생각한다. 출생부터 생명이 다하는 마지막에 이르기까지 모든 과정이 한 사람의 온전한 존재 안에 포함된다. 그는 애초에 생명이 잉태될 때 임산부의 배 속에는 삶과 죽음 각각의 씨앗이 함께 있는 것 같다고 말한다. 우리는 모두 '자기 자신의 죽음을 가졌다'고….

말테에게 있어 죽음에 관한 강렬한 기억은 외할아버지의 말년에 대한 것이다. 귀족 신분으로 지방의 유지이자 고위 관직자였던 할아버지는 생전 건강한 시절에는 사람들에게 두려움과 존경심을 함께 불러일으키는 분이었다. 역사 그 자체인 오래된 성에 때때로 출몰하는 유령들마저 태연하게 받아들이며 함께 생활할 정도로 대범하고 침착했던 할아버지. 그러나 세상을 뜨기 전 10주 동안의 할아버지는 일생 동안 볼 수 없었던 가장 고통스럽고 포악하며 이기적인 모습을 드러낸다.

육체적인 고통이 견딜 수 없을 정도로 힘들었던 외할아버지는 조금이라도 편하게 몸을 누일 곳을 찾아, 광활한 성 안의 이 방 저 방을, 심지어 수년간 닫혀 있던 방까지 열어젖힌다. 밤마다 밀려드는 참을 수 없는 고통에 마을 전체가 떠나가라 울부짖었으며, 그 비명소리에 온 마을이 불면증과 불안에 시달린다.

죽음에 대한 말테의 조금 다른 생각. 그것은 할아버지에게 주어진 그만의 죽음이었으며, 고통을 견디지 못해 터져 나온 할아버지의 낯선 모습조차 사실은 모두 다 할아버지의 본질이며, 그에게 주어진 죽음의 모습이라고….

하나의 목소리, 7주 전까지만 해도 아무도 들어 보지 못한 목소리였다. 시종관의 목소리가 아니었기 때문이다. 그 목소리의 주인은 크리스토프 데트레프가 아니고, 그의 죽음이었다.

그의 죽음은 10주간 머물기로 하고 왔다가 10주간 머물렀다. 이 기간 동안 그는 그전의 크리스토프 데트레프 브리게 자신이 그랬던 것보다 훨씬 더 주인 행세를 했는데, 훗날 폭군이라 불릴 왕과 같았다.

그것은 어떤 수종병(水腫病) 환자의 죽음 같은 것이 아니라, 시종관이 일생 동안 내부에 간직하면서 길러 냈던 사납고도 장엄한 죽음이었다. 그 자신이 평온했던 시절에는 다 써버릴 수 없었던 지나친 교만, 의지, 지배력이 그의 죽음 속으로 흘러들어 이 죽음은 이제 울스가르드에 머물면서 그 잉여분을 탕진했다.

내가 지금까지 만났거나 말로 들었던 사람에 대해 생각해 보면, 늘 똑같았다. 그들은 모두 자기 자신의 죽음을 가졌다.

'일생 동안 내부에 간직하면서 길러 냈던 사납고도 장엄한 죽음', 그리고 인간이 지닐 수 있는 나쁜 점들의 '잉여분'을 탕진했다는 문장은 섬뜩하기도 하다. 내 안의 악덕을 다듬지 못하고 다스리지 못한다면 죽음에 이른 마지막 순간에라도 결국에는 터져 나와 내 민낯을 드러내고, 소진하지 못한 악덕의 잉여분이 그렇게 만천하에 공개된다는 것이 터무니없게 느껴지지 않는다. 몰개성적이지 않고 오로지 자신에게 주어진 죽음을 살아 낸다는 것은 할아버지의 마지막 10주처럼 끔찍할 수도 있다. 하지만 그 과정을 통해 한 사람이 지닌 본질을 남김 없이 드러냄으로써 삶을 가식이나 모자람 없이 온전히 완성하는 것이기도 하리라.

보는 법 그리고 쓰는 법

말테는 수기를 통해 자신의 마음속 어딘가에 묻혀 있는, 어쩌면 일부러 묻어 놓았을 수도 있는 기이하고 우울하며 무서운 기억들을 불러낸다. 이 기억들은 사실 그가 파리라는 낯선 곳에서 마주치는 다양한 사람과 상황을 똑바로 마주하기 위한 것일 수도, 자신의 영혼을 달래고 앞으로 나아가기 위함일 수도 있겠지만, 찬찬히 다시 살펴보면 결국 시인으로서 제대로 자신만의 시를 쓰기 위한 과정이다. 거주하는 환경이 변했고, 예전에는 미처 보지 못했던 많은 것들이 새삼스럽게 눈에 들어오면서, 말테에게 흐르는 시간의 성격도 변해 가고 있었다.

이제 다시는 편지를 쓰지 않겠다. 누군가에게 자신이 변해 가고 있다는 걸 무엇 때문에 알려야 하는가? 내가 변하면 나는 과거의 내가 아니다. 나는 지금까지와는 다른 무엇이다. 그러니 이제 내게는 아는 사람이 없는 게 당연하다. 낯선 사람들에게, 나를 모르는 사람들에게 편지를 쓸 수야 없는 것이지.

내가 이미 말했던가? 보는 법을 배우고 있다고. 그래, 나는 시작했다. 아직 서투르지만 시간을 최대한으로 활용하려 한다.

보는 법을 배우고 있는 지금, 나는 무언가 일을 시작해야만 한다고 생각한다. (…) 시를 쓰기 위해서는 때가 오기까지 기다려야 하고, 한평생, 되도록이면 오랫동안, 의미와 감미를

모아야 한다. 그러면 아주 마지막에 열 줄의 성공한 시행을
쓸 수 있을 거다.

한 줄의 시를 쓰기 위해서는 수많은 도시들, 사람들, 그리고
사물들을 보아야만 한다.

보는 법을 배운다는 것, 그리고 시를 쓴다는 것에 대한 말
테의 체험적 인문은 작품의 초반부에 등장한다. 수많은 에
피소드들이 그저 의식의 흐름대로 나열된 것 같아도, 그 연
결고리는 결국 그가 이야기한 '보는 법'에 관한 것이다. 말테
의 수기는 그것을 배워 가는 과정의 기록이다.

릴케가 파리에 갔을 때가 주인공 말테와 비슷한 20대 후
반의 나이였고, 조각가인 로댕이 자신이 작업하는 방법을
통해 릴케에게 '보는 법' 가르쳐 줬다고 하니, 그 시기에 느
꼈던 것들이 이 책에 많이 반영된 것이라 짐작할 수 있다.
릴케와 로댕의 관계에 대해 쓴 『『너는 너의 삶을 바꿔야 한
다』라는 책 뒷면에, '로댕이 산이었다면, 릴케는 그 산을 에
워싼 안개였다'고 적혀 있다.

생의 마지막 역작이었던 두 시집 『두이노의 비가
(Duineser Elegien)』와 『오르페우스에게 바치는 소네트

(Sonette an Orpheus)』를 연달아 발표하기 전에 수년간의 공백기가 있었다. 이 시기에 유럽의 여기저기를 다니며 끊임없이 자신의 시 창작에 대한 고민을 했던 걸로 알려져 있다. 작가에 따라 쓰는 방식은 제각각이겠지만, 종국엔 진심이 담긴 글쓰기에 관한 고민일 터. 릴케는 새롭게 보기 시작한 미래와 현재와 과거를 『말테의 수기』에 담아낸 게 아닐까 싶다.

『멋진 신세계』
올더스 헉슬리
야만적일 권리

올더스 헉슬리는 진화론의 거성 토머스 헉슬리의 손자이며 1894년 영국에서 태어났다. 원래 의사가 되려고 했지만, 18살에 각막염을 앓고 3년간 눈이 잘 보이지 않는 상황에 놓이자, 의사로서의 진로를 포기하고 옥스포드 대학에 진학해 영문학을 전공한다. 광범위한 지식과 예리한 지성을 겸비한, 냉소적인 유머감각으로 유명한, 20세기의 대표 작가 중 한 명으로 꼽힌다.

조지 오웰의『1984』와 예브게니 자마찐의『우리들』과 더불어 3대 디스토피아 소설로 꼽힌다고 한다. '멋진 신세계'라는 제목은 셰익스피어의 희곡인『템페스트』에서 따온 역설적 상징으로, 1900년대 초반의 산업화된 사회와 기계화

된 문명을 전체주의와 연결시켜 경고하고 있다. 지적인 풍자와 뛰어난 공상은 우리에게 현실적 교훈으로 다가온다. 물질문명과 과학기술이 가져다준 안락함에 젖어, 각자의 자유와 독립적 사고를 포기하고, 통제된 안정으로 행복을 추구할 수 있다는 인간의 어리석음에 대한 통렬한 비판이 담겨 있다.

산업혁명 이후 발전을 거듭하면서 사람들은 유토피아를 꿈꾸기 시작했다. 가능하리라 믿었던 꿈은 20세기 들어 엄청난 복병을 만나 좌절된다. 원치 않았던 전쟁과 전체주의, 경제공황 등으로 몰아치는 위기 속에, 그동안 신봉했던 믿음들이 무너지면서 새로운 각성을 필요로 했다. 근본적인 변화 없는 물질과 지식의 추구가 계속될 시, 도래할 수 있는 비극의 미래에 대한 경고들이 곳곳에서 나타나기 시작하며 지성의 성찰이 이어진다.

능률과 효율을 앞세운 문명은 인간을 길들이고, 불만을 마취시키는 수단들을 만들어 낸다. 실상 그 불만의 요소들이 인간다움의 효용을 발생시키는 삶의 미학들이란 사실을 간과한 채…. 저자는 이 작품이 과학 발달이 인간 개개인에게 미치는 영향을 묘사했으며, 인류는 원자탄을 무기로 한 전체주의와 유토피아의 초국가적 독재체제 중 하나를 선택

해야 할 기로에 서 있고, 암시의 기술과 약물의 도움, 진보
적으로 발전된 과학, 알코올이나 다른 마약 대용물, 완벽한
생물 개량학과 같은 것들은 인간을 충분히 노예로 만들 수
있다고 말한다.

문명의 악덕

포드 자동차의 일괄작업을 통해 T형 자동차가 생산된 해
를 기원 1년으로 삼고 그 후 600여 년 후의 상황을 묘사해,
소설에 나오는 해는 '포드 기원' 623년 즈음이다.

지배자의 계획 하에 완벽하게 통제되는 사회에서는 포기
하거나 만족하거나 둘 중 하나의 선택만 있을 뿐, 조금이라
도 의문을 제기하고 불평하는 자들은 사회의 악으로 간주된
다. 지배자의 요구대로 개인은 검열된 만족에 순종하고, 진
리나 아름다움의 추구보다는 평생 무력한 행복으로 살다가
죽음마저 즐겁게 맞이하는, 그야말로 '멋진 신세계'이다.

34층의 회색 빌딩에 '런던 중앙 인공부화 및 조절국'이 들
어서 있다. '공동사회, 동일성, 안정'이라는 슬로건을 표방
한 이곳에서 인간을 탄생시키고 교육한다. 난자와 정자가

만난 수정체는 배양병 속에서 자라난다. 성숙과 발육의 정도 조절을 가하며 국가가 원하는 정신과 육체를 탑재한 인간을 만들어 낸다. 성인 간의 섹스는 얼마든지 가능하나 임신은 불가능하며, 새 생명의 탄생은 오로지 기관에서 관장한다.

그들은 알파(엘리트), 베타(중위층), 감마(하류층), 델타(단순노동), 엡실론(단순노동) 계급으로 나누어진다. 각자의 정해진 계급에 충실하게끔 정교하게 구조화되어 있다. 양육과 교육은 국가에서 책임지고, 자신의 계급에 맞는 세뇌 교육을 받게 된다. 아래 계급으로 갈수록 단순한 노동 업무가 주어진다. 신분에 맞게 정한 일만 하는 사람들은 안정감과 행복함을 항상 느끼며 조금이라도 이상을 느낄 때면 '소마'라는 약을 먹으면 그만이다. 개인의 감정은 모두 억제되도록 교육된다. 감정은 사회를 혼란시키는 '악'일뿐이다. 개개인의 개성과 깊은 사색을 바탕으로 한 어떤 창의적인 결과물이 있을 수도 없다.

신분에 맞는 정신과 신체를 소유한 복제 인간들은 기계적인 삶을 살면서도 행복에 젖어 있다. 낡고 오래된 것들은 즉시 버리고 새것으로 교환해서 사용할 정도로 물자도 풍부하다. 개개인의 노력에 의한 계발과 발전은 필요 없다. 국가에서 다 알아서 해주기 때문이다. 이토록 행복한 삶에 '악덕'은 발 디딜 틈이 없다. 선택이 없으니 악을 저지를 기회도 없는 셈이다. 그렇게 행복하게 살다가 교육받은 대로 때가 되어 죽음을 맞으면 되는 삶이다.

야만적 구원

문명의 독재와 권위주의 속에서 잃어버린 시간들. 거기에 맞서 타오르는 불꽃들이 있었다. 상류계급에 속하면서도, 배양병 속의 태아 때 담당관의 실수로 하층계급의 열등한 육체를 부여받아 우울과 고독 열등감을 안고 살아가는 버나드 마르크스. 어머니 자궁에서 태어나 셰익스피어의 세계를 탐독하고 진정한 자유를 갈망하며 인간의 가치와 존엄성을 신봉했으나, 결국은 문명사회와의 단절을 위해 자살을 택한 존이 그들이다.

버나드는 알파 계급의 신분이지만 계급에 걸맞지 않은 작은 체격으로 인한 열등감에 사로잡혀 있다. 대부분의 사람들은 세뇌교육으로 인해 각자의 계급에 불만이 없는 상태지만, 버나드는 자신의 열등감으로 인해 사회 시스템에 의문을 갖게 되기도 하는 인물이다. 주위의 냉대로 항상 고립된 생활을 하면서, 행동 조절의 노예를 거부하고 자유를 원한다. 정부는 이런 '불순한' 이들을 고립시켜, 자유로운 사상의 확산을 막고 있었다.

버나드는 우연히 야만인 보존지역에 들어가게 되고, 그들의 삶을 체험한다. 야만인 보존지역으로 들어와 살기 전, 수태실에서 일한 적이 있다는 린다를 만나고, 린다의 아들 존으로부터 어머니와 함께 지내 온 날들에 관한 이야기를 듣게 된다. 문명인으로서 야만인 지역에 들어와 겪은 황당한 이야기들이 주를 이루는데, 그 이야기 속에는, '멋진 신세계'에서는 이미 사라진 셰익스피어의 작품들이 있다.

버나드는 존에게 문명사회로 나가자고 제안하고, 존은 '멋진 신세계'로 갈 수 있다는 꿈에 부푼다. 실상 버나드의 저항을 불순하게 여기고 한직으로 추방시키려는, 토마킨 국장에 대한 복수이기도 했다. 린다는 국장이 임신시킨 여자였으며, 존은 그의 아들이었다. '멋진 신세계'에서 임신과 출산은 야만적인 일, 그들을 야만인 거주 구역에 버린 국장에게 다시 그들이 나타난 것. 국장은 자리에서 물러나고 이후 다시는 등장하지 않는다.

존은 아버지의 나라인 문명사회를 동경해 왔지만, 셰익

스피어의 문학 작품을 읽어 온 그의 감성은 문명과 충돌을 빚기도 한다. 문명사회에서 나고 자란 여자(레니나)를 사랑하기에, 문명사회와의 갈등은 더욱 격해진다. 문명사회로 돌아온 린다는 예전처럼 다시 소마를 복용하다가 죽는다. 존은 소마를 먹지 말 것을 설득하면서 문명사회에 본격적인 적대감을 표출한다.

태아 때부터 계속되어 온 철저한 세뇌와 소마의 안락성에 중독된 사회를 향한 자신의 설득이 아무 소용이 없음을 안 존은, 사회를 피해 외떨어진 등대에서의 독거 생활을 선택한다. 야만인이 혼자 생활하는 모습은 문명인들에게 큰 관심을 불러일으켰고, 많은 언론사에서 찾아와 취재를 하고 영상으로 담아 방영하면서 큰 인기를 끌게 된다. 결국 문명사회의 등쌀에 견디지 못한 존은, 문명사회에 대한 거부의 표현으로 마지막 선택을 하고 만다.

『세월의 거품』
보리스 비앙

거품 같은 세월

　『무드 인디고』라는 영화로 제작되어 많은 사랑을 받기도 했다. 『이터널 선샤인』의 감독 '미셸 공드리'의 연출은 아름답고 애절한 사랑을 판타지적으로 그려 내고 있지만, 원작의 소설은 조금 더 풍자적인 메시지도 함께 담아내고 있다. 출간 당시에는 큰 반향을 얻지 못했다. 보리스 비앙은 39세의 이른 나이로 생을 마감했는데, 이후 재평가가 된 작품이다.

　시대적 분위기를 이해하지 못하면 제대로 읽어 낼 수 없다. 감각적인 문체와 로맨틱 코미디에 분위기에 빠져들었다가, 초현실적인 상징과 언어유희에 맥이 빠지는 경험을 하기도 한다.

질베르 페스튀로는 이 작품에 대해 이렇게 말한다.

"『세월의 거품』은 낭만주의 장르를 가짜 리얼리즘이라 비판하고, 예술에게 꿈의 신비와 내적 환상의 힘을 드러내라고 하는 초현실주의자들의 요구를 공고히 하는 동시에 예증한다. 『세월의 거품』의 매력은 초현실주의와 몽환의 영향을 받은 언어와 환상의 일치, 스윙 재즈적 문체와 환상적인 세계의 조화에서 기인한다."

일을 하지 않아도 먹고살 걱정이 없는 콜랭은 20대 초반의 청년이다. 그의 가장 친한 친구인 시크는 철학자 파르트르의 강의를 들으러 갔다가 알리즈라는 매력적인 여인과 사랑에 빠지게 된다. 콜랭 또한 파티에서 클로에라는 아름다운 여인과 운명적으로 마주친다. 서로를 향한 마음은 결혼으로 이어지지만, 신혼여행에서 돌아오자마자 클로에게서 폐에 수련(睡蓮)이 피는 병이 발견된다. 콜랭은 그녀를 위해 전 재산을 다 쏟아부었고, 일자리를 구해야 하는 상황에까지 이른다.

한편 시크는 없는 살림에 알리즈와의 결혼은 꿈도 못 꾸고 있었다. 콜랭이 자신의 돈을 내어 주면서까지 둘의 결혼을 밀어 주지만 파르트르의 추종자인 시크는 파르트르에 빠저 그의 책을 사는 데 돈을 다 써버린다. 결국 시크와 알리즈의 사랑도 파국으로 치닫는다. 철학에 사랑을 빼앗긴 알리즈는 시크를 되찾으려다, 살인을 저지르고 자신도 죽고 만다. 시크의 집착적 취미 역시 비극의 결말을 준비하고 있었다.

재즈 트럼펫 연주가이기도 했던 작가는 듀크 엘링턴을 동경했다. 당시의 유럽에서 재즈는, 새로운 시대를 대변하는 미국의 클래식으로서, 모던의 상징으로서, 지식인들에게 애호를 받았단다. 서문에 재즈를 언급했을 정도로, 작가의 각별한 재즈 사랑은 작품 속에서도 이어진다. 콜랭과 클로에의 첫 만남에서 오간 이야기 또한 듀크 엘링턴에 관한 것이기도 하다.

듀크 엘링턴의 곡 「Chloe」가 여주인공 클로에를 탄생시키는 데 영감을 주기도 했다. 음악적 모티브를 통해 여주인공 클로에의 성격과 운명을 상징적으로 암시했다고 한다. 「Chloe」 부제목은 '늪의 노래', 늪에는 수련이 핀다. 콜랭은 클로에라는 사랑의 늪에 빠지고, 클로에의 암을 수련에 비유한 것.

2차 세계대전 직후에 쓰여진 소설은, 자본주의가 전쟁을 충분히 반성하지 않고 맞이한 미래에서의 인간성 상실에 대해 말하고 있다. 사랑과 죽음에 가격의 위계가 매겨지는 시대, 물질주의와 소비사회에 관한 하나의 사례가 지식 사회의 허영이다. 장 솔 파르트르라는 철학자를 등장시켜 '장 폴 사르트르'를 풍자한 경우. 사르트르의 철학과는 달리, 그를 추종하는 지식 사회의 자본주의적 소비행태를 비웃고 있다.

이 작품은 『구토』의 영향을 받기도 했단다. 『구토』에서도 어느 카페에서 흘러나오는 재즈 음악이 주인공 로캉탱의 각성을 자극하는 요인이기도 했다. 로캉탱은 이렇다 할 직업 없이, 물려받은 재산으로 혼자서 살아가는, 또한 그는 재즈 음악을 좋아하는 독서광이다.

지식욕이 강한 그는 백과사전을 순서대로 훑어가며 유명한 학자들의 말이라면 무조건 수첩에 적어 두는 습관이 있다. 스스로 체득하기보다는 브랜드를 지닌 타인의 지식에 더 신빙성을 두어 무비판적으로 받아들이는 군상의 상징. 『구토』에서의 로캉탱은 『세월의 거품』의 콜랭에게 영감을 준 경우인 것 같다. 로캉탱의 독서광 이미지를 시크에게 덧입혀진 듯하다.

보리스 비앙은 한때 사르트르와 보부아르가 주도적인 역할을 한 문학 그룹의 일원이었단다. 그러나 비앙은 파르트르의 강연을, 유명 팝스타 공연에서 일어나는 소동처럼 묘사함으로써, 당대 실존주의에 대한 '스노비즘'을 비판하고 있다. 그저 사상의 유행을 추종하고 있을 뿐, 대부분은 사르트르의 책을 이해하지도 못하는, 지적 열망에 대한 회화.

『장미의 이름』
움베르토 에코
광기와 열정 사이

진리에 대한 과도한 믿음이 악마를 불러들이고, 지나친 사랑이 지옥을 만들어 낸다. 진리를 위해 죽을 수 있는 자는 때로, 자신과 더불어 주위의 많은 이들을 죽게 하거나, 혹은 자기보다 먼저 죽게 하고, 때로는 자기 대신 죽게 한다. 역사 속에서 절대적 맹신에 대한 대가는 그 무엇보다 처절했고 가혹했다. 오늘날도 예외는 아니다. 자신의 신앙에 대한 조금의 의심도 품지 않는 신념에 의해 세상은 지옥으로 변해 간다.

저자는 신약성서의 '요한계시록'을 토대로, 보르헤스에게서 영감을 얻은, 한 편의 거대한 이야기를 완성했다. 극의 화자인 아드소는 묵시록의 저자 요한의 화신과 같다. 장서관에서의 환상 체험들을 보면 그러하다. 아드소는 기묘한 환상을 겪는 와중에 '지금 본 것을 기록하여라'라는 말을 듣는다. 아드소의 기록은 문제의 수도원에서 겪은 7일 동안의 일이다.

묵시록의 내용대로 추리해 나가던 윌리엄의 생각은 틀렸다. 묵시록과 연쇄 살인사건의 연관성은 전혀 없는 것으로 밝혀졌다. 아리스토텔레스의 희극론 마지막 복사본을 숨기려던 한 광신자의 소행이었다. 수많은 고전을 간직하고 있던 장서관과 함께 수도원은 불길 속으로 사라져 버렸다.

웃음 없는 신앙

교리 다툼으로 인하여 교황청과 황제가 대립하던 시대. 소유를 인정해야 한다는 교황청에 맞서 청빈을 강조하는 프란체스코 수도회는 황제 측에 속하였고, 두 진영은 그나마 중립지대였던 베네딕트 수도회 소속의 수도원에서 만나 타협을 시도한다.

독일인으로 멜크 수도원의 젊은 베네딕트회 수련사인 아드소는 윌리엄 수도사의 밀사 서기 겸 시자(侍者)다. 윌리엄은 브리튼 사람으로 프란체스코 수도사이며 종교재판 조사관을 지냈고 황제로부터 밀명을 받고 문제의 수도원에 아드소와 함께 도착한다.

수도원장은 윌리엄에게, 한밤중에 본관 옆의 벼랑 아래에서 발견된 채식(彩飾)장인 수도사 아델모의 살인 사건의 해결부터 의뢰한다. 본관의 1층은 주방과 식당이며 2, 3층은 문서 사자실(寫字室)과 장서관이 있는 곳인데, 특히 이 장서관은 교계 최고의 권위를 갖고 있으며 철저한 출입통제로 비밀스럽게 운영되는 곳이다. 금단의 지식이 소장된 곳이라고도 볼 수 있다.

나중에 밝혀지는 살인 사건의 원인은 아리스토텔레스의 『시학』2권이었다. 실제로는 존재하지 않는 책의 허구적 설정. 그리고 그 범인은 작가 보르헤스를 투영한 '호르헤'라는 수도사. 저자가 그렇게 설정한 이유는, 오로지 눈이 먼 장서관이란 이미지였을 뿐, 다른 의도는 없었단다. 호르헤는 그 책이 기독교의 정신을 모독한다는 이유로, 아무도 읽지 못하도록 지키고 있었던 것.

'희극'을 다루는 문제의 페이지들. 진중하고 고결해야 할 철학과 신학이, 웃음의 소재일 수 없다는 신념. 연쇄 살인 사건의 배후가 호르헤의 광신적 생각에서 나왔음이 밝혀지자, 윌리엄은 미소를 모르는 신앙과 의혹의 여지가 없다고 믿는 진리가 진정한 악마라면서 호르헤의 교만한 영혼을 질타한다. 호르헤가 책장을 찢어 입으로 삼키려 하자, 그것을 막기 위해 몸싸움을 벌이다 호르헤가 던진 등잔불이 장서관 고서들에 옮겨 붙는다. 장서관에서 시작된 화재가 수도원 전체로 번진다. 사흘 밤낮으로 이어진 화마는 모든 걸 태워 버린다.

덧없는 이름뿐

수도원에서 일어나 연쇄 살인 사건을 수사하는 윌리엄 신부는, 프란치스코회의 수도자이자 철학자였던 오컴 윌리엄을 모델로 한단다. 철학사에서 유명한 '오컴의 면도날'이란 이론을 정립했던 인물. 다 도려내고 남은 가장 간단한 것이 가장 본질적인 설명이라는 것. 현상의 기저에 흐르는 원리는 실상 간단하다는 것. 이 소설에서의 여러 살인 사건에 엉겨 있는 복잡한 현상 이면에 자리한 단 하나의 원인이, 왜곡된 사랑이었던 것처럼….

모든 종교가 후학들의 빗나간 충정들로 인하여 극단주의

로 흐르기도 하니, 오늘날의 IS는 어떤 식으로도 용납되지 않는 일. 니체는 이렇게 말했다. 유일한 기독교인은 그리스도 자신뿐이었다고⋯. 경직된 교조주의와 병적인 흑백논리의 만찬이 경악을 금치 못하게 하지만, 결코 먼 과거의 일만은 아니라는 사실이 뼈아프게 다가온다.

'장미의 이름'이란 제목은, 주인공 아드소가 수도원에서의 7일간의 기록을 마무리하는 마지막 문장에서 유래한다. 그는 베르나르 드 몰레의 『속세의 능멸에 대하여』라는 시의 구절을 인용하는데 — 'stat rosa pristina nomine, nomina nuda tenemus'(지난날의 장미는 이제 그 이름뿐, 우리에게 남은 것은 그 덧없는 이름뿐) — 에코는 Roma를 rosa로 대신한 것이라고 말했단다. 극단의 열정에 왜곡되는 기독교적 명분을 상징한다고 할 수 있을까?

역사적으로 아리스토텔레스의 저서들은 이교도의 상징인 시절도 있었다. 기독교가 공인될 즈음에는 플라톤주의가 대세였다. 천상과 지상을 설명하기에는 플라톤의 이데아와 현상계가 신학과 합이 잘 맞았던 것. 현상계에 보다 중점을 두는 아리스토텔레스의 철학은 이슬람 문화에서 발전한다. 그러다가 이슬람 세력이 아프리카에서 바다 건너 스페인 쪽으로 유입이 되기 시작한다. 아리스토텔레스의 철학은 플라톤보다는 스펙트럼이 넓은 백과사전식, 이런 영향은 수도원 중심으로 학문연구가 이루어지는 스콜라시대를 열었고, 그 수도원들이 대학교의 전신이 된다.

소설과 관련지어 본다면, 움베르토 에코 자신의 세계이기도 했고, 보르헤스의 도서관도 그러했고….

『픽션들』

호르헤 루이스 보르헤스

허구와 현실의 경계

세계 문학사에 보르헤시안(Borgesian)이라는 용어를 탄생시킨 보르헤스에게 명성을 가져다준 결정적인 출간물로, 보르헤스가 왜 유명한지, 그의 무엇이 독보적인지, 왜 그를 포스트모더니즘의 선구자라고 하는지 느낄 수 있다.

1938년 심하게 머리를 부딪힌 사고의 후유증으로 병석에 누워 있을 때 떠오른 생각들을 바탕으로 집필한 단편「피에르 메나르, 돈키호테의 작가」가 포함된 단편집『두 갈래로 갈라지는 오솔길들의 정원』이 1941년에 출간되었다. 이에 대한 증보판으로,『기교들』이라는 또 다른 단편 묶음과 함께, 총 18편의 이야기를 담아 1944년에 출간된 책이다.

방대한 분량의 책을 쓰는 것은 쓸데없이 힘만 낭비하는

일이라고 생각한 보르헤스는 단편들만 세상에 내놓았다. 독자들을 한없이 자유로운 공간으로 초대하지만, 그 공간은 너무도 낯설다. 자유를 누리는 것 같기는 하지만, 도무지 갈피를 잡을 수 없는 무의미한 문장들 사이에서 방황하기도 한다.

'현학성'을 보르헤스 문체의 특징이라고 해도 될 만큼, 방대한 지식이 이야기 사이사이에 스며들어 있다. '보르헤스' 하면 떠오르는 단어라고도 하는 '미로'가 여러 단편들에서 발견된다. 『천일야화』도 여러 번 언급되는데, 작가가 생각하는 문학이란, 한 이야기가 또 다른 이야기를 불러내는, 무한대로 확장되는 공간과 시간, 한계 없는 세계이길 바랐던 걸까?

책 제목인 '픽션들'이 의미하듯, 모든 작품이 엄청난 상상의 결과물들이다. 그저 흥미로운 소재를 들려주는 차원을 넘어서는, 아예 새롭게 창조한 세계에 대한 주제들인데, 결코 판타지 소설로만 읽히지는 않는다. 마치 실제로 어디에서 일어나고 존재하는 것들과 관한 이야기처럼 느껴지기도 한다. 세상에 존재하지 않는 책에 대한 서평, 세상에 존재하지 않는 나라에 대한 설명이 적힌 백과사전, 세상에 존재하지 않는 도서관과, 세상에 존재하지 않는 이념과 종교 등.

발상 자체가 이미 범상치 않은데, 그 이야기를 서술하는 방식 또한 독보적이다.

통상적으로 소설은, 현실의 어떤 부분을 부각하여 드러내기 위한 장치로 허구를 사용한다. 보르헤스는 허구를 보여 주기 위해 현실을 사용한다. 어떤 단편은 허구와 현실 간의 경계가 모호해지는 것을 넘어서, 완전히 다른 세계를 창안해 낸다. 한 단어로 장르를 정의할 수 없는, 그야말로 순수하게 '문학적인' 혹은 '예술적인' 세계. 그러나 황당할 정도로 이상한 세계에 대한 이야기를 따라가다 보면, 현재 우리가 살아가는 세상의 삶이 보인다.

언어와 시간의 문학

워낙 철학에 능한 문인이었다 보니, 보르헤스에 관한 해설은 문학만으로는 빈약하다. 그중에서도 단 한 명의 철학자를 꼽으라고 한다면 쇼펜하우어다. 그의 형이상학적인 환상 문학의 기저에는 불교의 관념론도 깔려 있으며, 불교에 관한 저서를 출간한 적도 있다. '저자의 죽음'을 말한 롤랑 바르트의 선구가 되는, 모든 해석을 독자들에게 내맡기는 열린 체계의 단편들은, 독자 입장에서는 인도—유럽 어족의 사상들을 죄다 들여다봐야 가까스로 이해가 될 정도로 난해하다.

그의 인생으로 겪은 인문의 총아를 바벨의 언어로 지어 올린 판타지, 그것을 상징하는 건축물이 도서관이기도 했다. 수줍음이 많고 소심한 성격이었던 보르헤스에게는 어려서부터 아버지의 서재가 놀이터였다. '놀이터'에 빗댄 표현이 결코 비유만은 아닐 정도로, 여간한 동네 공공도서관만 한 규모를 소유하고 있었던 아르헨티나의 상류층이기도 했다. 당시 아르헨티나의 상류층들에게 수천 권 정도의 도서를 소장한 개인 도서관을 소유하는 일은 드문 경우도 아니었단다.

성인이 되어서는 생계를 유지하기 위해 도서관 사서가 된다. 늘상 책과 함께하는 이들이었지만, 관료주의에 찌들어 있는 도서관 직원들은 보르헤스와 맞지 않는 성향이었다. 진즉에 관계의 문제를 체념한 보르헤스는, 책이라도 실컷 읽자는 심사로 그 불편한 동거를 지속한다. 보르헤스의 인생에서 책은 이래저래 도피처인 동시에 낙원이었다. 『바벨의 도서관』을 지어 올린 환상의 요소들은 실상 일상에 기반하는 셈.

보르헤스는 자신의 문학이 꿰고 있는 키워드를 '시간'으로 언급했다. 같은 물에 발을 두 번 담글 수는 없다는 헤라클레이토스의 어록으로 부연한다. 흐르는 강물에 발을 담그고 있는 우리들도 역시 하나의 강이다. 시간을 사는 우리들도 흐르는 존재라는 것.

"그것이 무서운 이유는 돌이킬 수 없고, 완강하기 때문이다. 시간은 나를 이루는 본질이다. 시간은 나를 휩쓸고 가는 강이지만, 내가 곧 강이다. 시간은 나를 삼키는 호랑이이지만, 내가 바로 호랑이다. 시간은 나를 소진시키는 불이지만, 내가 즉 불이다. 세상은 불행히도 환상적이지 않고, 나는 불행히도 보르헤스이다."

그가 왜 이토록 시간에 집착을 하게 되었을까? 이는 도서관과 비슷한 이유에서이지 않을까 싶다. 보르헤스는 마흔이 넘어서야 우리가 알고 있는 보르헤스의 지위로 올라서기 시작한다. 그전까지는 세계는커녕 아르헨티나 내에서도 미미한 인지도였다고⋯. 그의 아버지는 자신이 이루지 못했던 꿈을 보르헤스에게 기대했었단다. 작가로서의 삶에는 항상 아버지의 그림자가 드리우고 있었다. 문인의 꿈을 안고 상류층으로서의 문화를 향유하며 자라났지만, 정작 문인이 되어서는 도서관 사서로서의 삶을 병행해야 했던 녹록치만도 않았던 세월. 게다가 정치적 탄압에 잇대어진 모욕과 아버지 쪽에서 유전된 실명의 병까지 덧대어진 불운. 그 어둠의 조건들에 둘러싸여 있던 시간들로부터, 자신을 스치는 순간순간들을 섬세히 대할 수 있는 감각이 세련된 건 아니었을까?

이는 철학과 문학의 수사가 아니더라도, 깊고 짙은 절망의 시간을 겪고 있는 이들이라면 누구나가 그저 삶의 감각으로 이해할 수 있는 실존의 문제이기도 할 터. 절망만큼이나 철학적, 문학적 각성과 이해가 수월한 시간도 없으니까. 보르헤스도 말했듯, 정신이 다른 방식으로 작동하기 때문인지도….

바벨의 도서관

주로 도서관에서 일생을 보낸 보르헤스에게 도서관은 하나의 세계이다. 도서관에 꽂혀 있는 책들은 세계의 일부를 설명하는 각각의 언어이며, 도서관은 그 총체로서의 우주이다. 불교에 심취해 있었던 보르헤스라는 점을 감안하여 표현하자면, 도서관은 제법(諸法)의 형상화다. 그리고 우주의 진리를 찾아나서는 개개인들을 사서에 비유한다. 그러나 사서들은 자신이 원하는 책이 어디에 꽂혀 있는지 알 수 없으며, 찾는다 한들 그 책을 읽을 수 있는 가독성도 갖추지 못했다. 하여 자신이 읽을 수 있는 책들만을 모아 자기 지평으로 갈무리된 진리를 구성하거나, 진리의 책을 찾아 읽은 이가 있었다는 담론만 무성할 뿐이다.

이 단편의 제목이 『바벨의 도서관』이라는 점을 이해해 볼 필요가 있다. 보르헤스는 유대교의 신비주의 밀교 성격인 '카발라'에 심취하기도 했었다. 바벨탑 사건 이후 인류는 서로 다른 언어를 지닌 문명으로 분화했지만, 신과 아담이 나누었던 태초의 언어는 곧 우주의 이법(理法) 그 자체이다. 오늘날의 언어감각으로 그 태초의 언어를 접한다면 어떤 느낌일까? 모든 언어의 미래를 잉태하고 있는 과거이지만, 어떤 현대인도 이해할 수 없는 암호와 같은 언어일 것이다.

카발라는 인간의 언어가 아닌 신의 언어로 쓰여진 경전이 존재한다는 믿음을 전제한다. 제법이 신의 언어로 쓰여진 텍스트라면, 인간은 그 텍스트들이 진열된 책장을 열람하는 독자다. 보르헤스가 그 밀교적 성향에 심취했다기보단,

자연에 내재하는 섭리를 직관으로 이해할 수 있는 방법론을 고민했다고 생각하면 되겠다. 그 바벨의 언어에 가장 가까운 형태를 환상에서 찾으려 했던 것이다.

한 천재적인 사서로 하여금 도서관이 가진 기본적인 법칙들을 발견하도록 만들어 주었다. 이 사상가는 모든 책은 서로 얼마나 다르건 간에 동일한 원소들로 되어 있다고 판단했다.

바벨의 도서관을 쌓아 올린 벽돌의 질료. 즉 각 언어의 기저에 흐르는 이법들은 태초의 언어를 내재하고 있다. 인류의 역사는 그 내재된 언어를 해석하고자 했던 노력이다. 다시 말해 바벨의 도서관에서 어떤 책을 찾는 행위는 세상의 이치를 깨닫고자 했던 인문학사의 상징이고, 그런 면에서 『바벨의 도서관』은 단편의 형식을 빌린 대서사시이기도 하다.

그러나 결론적으로 태초의 감각을 지니지 못한 우리는 그 내재된 언어를 읽어 낼 수 없으며, 그 어떤 명쾌한 대답도 찾아낼 수 없다. 그렇듯 보르헤스의 환상 속에 지어진 도서관은 되레 혼돈의 시공간이다. 보르헤스가 한 예로 제시한

책은 인간의 삶에 관한 '변론서'들이다.

　자신의 변론서를 찾아 나선 사람들은 그것을 찾을 수 있는 가능성, 또는 그 책의 불충실한 해적판들이나마 찾을 수 있는 확률이 'O'이라는 것을 생각지 못했다.

　신의 '말씀'으로 창조된 피조물들은, 그 말씀의 일부조차 제대로 이해하지 못한다. 그러나 그 몰이해가 도리어 진리를 담고 있다는 어떤 책들에 대한 맹목적 숭배를 낳았고, 또한 한정된 지평과 특정 이데올로기 밖으로의 배제를 낳았다. 그러나 도서관은 모든 경우를 포용하며, 보르헤스는 도서관의 용량이 무한하다고 생각한다. 그것을 이해할 수 있는 인간의 지평이 유한할 뿐이다. 하여 인간의 지평 내에서나 혼돈이지, 우주 자신에겐 충분히 질서인지도 모를, 무한의 도서관이다.

　보르헤스는 파스칼을 인용한다.

　도서관은 구체(球體)로 되어 있다. 그것의 정(正) 중심은 각각의 육각형이고, 그것의 원주는 측정이 불가능하다.

일정한 크기의 원이라면 그 중심을 찾을 수 있지만, 그 원의 규모가 무한이라며 그 중심은 어디에 있는 것일까? 무한한 우주에서 중심을 찾을 수가 없다면, 그 모든 지점이 중심이다.

이는 보르헤스가 견지한 열린 체계의 상징이기도 하다. 해석의 여지가 무한히 열려 있는 텍스트에 정설이 존재할 수 있을까? 롤랑 바르트의 '저자의 죽음' 역시, 해석의 중심은 곧 독자 개개인이라는 말을 건네고 있는 것이다.

'차이'와 다원성을 존중하는 포스트모더니즘은 역설적으로 '바벨의 언어'의 성격이다. 어차피 누구도 바벨의 언어를 이해하지 못하는 감각이라면, 그 기저에 흐르고 있는 이법에 관한 서로 다른 해석과 표현이 있을 뿐이다. 누구의 것도 정설이 아닌 동시에 누구의 것도 정설이다. 그 기저에 대해 설명해 주겠노라 모범답안을 자처하는 텍스트들 모두가 상징적 폭력에 불과하다.

지금 내 글을 읽고 있는 당신은 나의 말을 이해하고 있다고 확실할 수 있는가?

보르헤스 스스로가 써놓았듯, 『바벨의 도서관』은 보르헤스의 글만으로 이해하기는 힘든 텍스트이다. 그러나 그 해석들에 얽매일 필요도 없다. 강을 건넜으면 뗏목을 버려야 한다는 '뗏목의 비유' 또한 보르헤스가 권하는 열린 체계다. 해석의 텍스트들로 어느 정도 이해했다면, 그 텍스트들을 버리고 자기 나름대로의 해석으로 나아가 볼 것. 이견이 있을 수는 있지만, 그 이견도 그저 각자의 해석에 지나지 않다. 그러나 그 이견들이 『바벨의 도서관』을 온전히 소유할 수 있는 각자의 도서관을 지어 올리는 방법론이기도 하다.

3. 인간의 조건

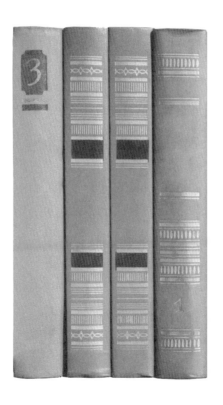

『경멸』
알베르토 모라비아
그 남자가 몰랐던 이야기

　사랑이 어떻게 경멸로 변해 가는지에 대한 섬세한 감정 표현과 소소한 에피소드들이 인상적인 작품.『경멸』은 자본주의를 살아가는 다양한 인간상들을 상징적으로 보여 주고, 그들에게 일어나는 일상적인 이야기로 풀어 간다. 다소 잔잔한 전개는 어딘가에 극적인 반전을 숨겨 두었을 거라는 기대감을 갖게 했지만, 그런 반전이 없는 대신, 평범한 상황 속에 함축된 의미들이 많은 생각을 하게 한다.

　주인공 리카르도는 작가로서, 경제적 약자의 무기력을 살아가는 지식인을 상징하는 듯하다. 그의 아내인 에밀리아는 탐욕적인 면이 있고, 주변의 유혹에 쉬이 흔들리면서도 인습을 따르고 남의 시선을 의식하는, 우리 보통의 존재들의 표집이기도 하다. 바티스타는 자본주의의 강자로서, 돈이 지닌 힘의 논리를 상징한다고 할 수 있다.

리카르도는 경제적 어려움을 겪고 있는 지식인이다. 자본주의 사회에서는 지식보단 더 큰 권력적 속성을 지닌 돈, 그 놈의 돈 때문에 반복되는 무기력은 사랑에서도 약자가 되게 한다. 소설은 극작가를 꿈꾸는 리카르도가 아내의 꿈을 위해 상업적 시나리오를 쓰게 되면서 벌어지는 부부간의 갈등을 그리고 있다.

아내는 집에 대한 집착이 있다. 틈틈이 모아 온 돈과 대출금으로 중도금을 지불하지만, 나머지 돈을 마련하기 위해 영화 제작자 바티스타의 제안을 거절할 수가 없었다. 호메로스의 『오디세이』를 영화화하는 작업. 비록 상업성과 결탁했으나 지키고 싶은 인문성의 순도가 있는 법, 그러나 바티스타와는 사안을 바라보는 관점이 다르니 애초부터 좁혀질 수 없는 문제였다.

더군다나 자신의 아내에게 추파까지 던진다. 『오디세이』라는 소재는 어떤 복선이 아니었나 싶다. 오디세우스가 그의 자리를 비운 세월 동안 그의 아내에게 몰려드는 수많은 청혼자들. 바티스타는 시나리오 작업을 위해, 카프리에 있는 자신의 별장으로의 동행을 제안한다. 계속해서 자신의 아내에게 접근하는 바티스타가 마음에 들지 않지만 제안을 받아 들였다. 그러나 부부의 카프리 행은 결국 파국의 전조였다.

> "자기가 하고 싶은 일을 하는 대신, 딴 사람이 해주길 바라는 일을 억지로 해야 하죠. 왜냐하면 언제나 돈이 문제니까요. 경제적인 문제가 우리의 일, 직업, 꿈, 심지어 사랑에까지 영향을 미치죠."

어려운 가정환경에서 나고 자란 터, 중등교육도 제대로 받지 못한 에밀리아는 이상하게도 집에 집착한다고, 극작가를 꿈꾸는 지식인 리카르도는 그렇게 생각하고 있다. 그녀를 바라보는 시선에는 은근히 위계 의식도 담겨져 있는 것. 아내의 꿈을 위해 자신의 꿈을 포기하고 상업용 시나리오를 쓰게 된, 자신의 희생을 아내가 알아주었으면 하지만, 그럴수록 아내와의 관계는 기대와 다른 방향으로 미끄러진다.

어느 CF 대사처럼, 사랑만 갖고 사랑이 되지 않을 터. 경제적인 현실도 무시할 수 없다. 그러나 에밀리아에겐 교감이 더 중요하다. 경제적인 현실이 해소되면 그런 행복이 다가올 수 있을 거라는, 상징적 표지가 집이었을 뿐이다. 리카르도의 머릿속에는 집을 위해 자신이 저당잡힌 것들만 있다. 어려운 환경에서 나고 자란 에밀리아가 정말로 바라고 원하는 게 무엇인지에 대해서는, 자기 정당화와 합리화로 일관할 뿐, 그녀가 무엇을 원하는지 관심이 없다.

대화를 했지만 나아진 것은 없었다. 이전과 다름없이 에밀리아가 나를 경멸하는 것으로 보아, 문제는 과거 우리 삶에서 비롯된 것임을 알게 됐다. 그녀는 이 사실을 인정하려 하지 않고, 나는 죄가 없다는 것과 정당하다는 사실을 밝힐 기회를 빼앗음으로써 나를 사랑할 수 없도록 단단히 빗장을 닫았다. 앞으로도 아무 이유 없이 나를 경멸하고 싶은 것이다. 한마디로 나에 대한 경멸은 아무 이유 없이 오랜 시간에 걸쳐 생긴 것임에 틀림없었다. 그것은 실제로 내가 한 행동이었지만, 그녀 혼자 짐작한 것에 지나지 않았다. 나에 대한 에밀리아의 멸시는 어떤 중대한 사건 때문이 아니라, 여러 차이들로 인해 자연스럽게 생겨난 것이었다.

사랑하는 아내를 위해서, 원치 않는 일에 자신이 희생한다는 사실로 저 자신을 합리화하는 리카르도. 그럴수록 자꾸 어긋나는 사이. 서로의 마음은 계속 평행선을 달리다가 결국 파국에 이르고 만다. 냉담한 반응이 시작되었을 때 서로의 감정을 보듬는 노력이 이어졌다면 어땠을까? 그런 작은 교감의 순간으로부터 벌어지는 극간 속에서 에밀리아는 숨이 막힌다. 돌이킬 수 없도록 몰아붙인 관계의 끝에서, 결국 '경멸'의 말까지 내뱉고 만다.

반면 그녀에게 계속 치근덕대는 바티스타 앞에서는 어떤 말도 꺼내지 못한다. 그렇다면 시나리오 작업이 정말 아내를 위한 선택이었을까? 사랑한다면서도, 끊임없이 아내를 의심한다. 에밀리아에게서 결국 리카르도의 의심은 현실화가 된다. 원래부터 아내가 그런 욕망을 지녔던 것일까? 아니면 자신이 그렇게 만든 것일까? 그녀는 작별을 고하고 바티스타와 함께 떠나지만, 바티스타의 차를 함께 타고 가다가 교통사고로 죽고 만다.

모두의 비극으로 끝난 이야기. 경멸은 누가 원인이었을까? 아니 누구의 결과였을까?

『대지』

펄 벅

땅과 인간

빈농의 청춘이 이런저런 인생의 곡절을 겪으며 부농의 노년으로 삶을 마감하기까지, 땅에 기대어 사는 한 인간의 일대기를 꽤나 감동적으로 그려 내고 있다. 미국 작가가 이런 동양의 정서에 익숙했던 이유, 펄 벅은 생후 3개월 만에 선교사인 부모님 품에 안겨 중국으로 건너가 17살 때까지 살았다고 한다. 때문에 자신이 중국인이 아닌 외국인이란 사실도 잘 인지하지 못할 정도였다고….

학업의 목적으로 조국 땅을 밟았던 잠깐의 세월은, 펄 벅의 입장에서는 유학 기간이었던 셈. 결국엔 선교사 남편을 만나 다시 중국으로 돌아간다. 그만큼 풍토라는 것이 인생에 미치는 영향은 지대하다. 그 땅과 맺고 있는 삶의 생리를 적어 놓은 소설은, 인간의 삶을 결정(結晶)하는 조건으로서의, 결국엔 돈의 문제를 이야기하고 있다.

흥망의 부동산

어디서 읽은 내용인지는 정확히 기억나지 않는데, 어느 칼럼이었던 듯하다. 재벌 2세들만 해도 회사의 기틀을 잡아가는 과정에서부터 창업주와 고난을 함께하기에 실무능력에는 그다지 문제가 없단다. 문제는 3세부터. 태어나 보니 이미 금수저를 물고 나온 이들의 경우엔, 경영 감각은 MBA의 과정으로 단련하고 그 유명한 '실땅님'의 직위로 필드에 뛰어든다. 아무리 뛰어난 속성 과정이라 해도, 온몸으로 곡절의 세월을 견뎌 낸 할아버지와 아버지의 실무 감각을 따라갈 수는 없는 불초(不肖)의 근심.

『대지』에서 서사의 원동력이기도 한 황(黃)부잣집은 그런 근심으로 기울고 있는 지역의 대지주이다. 금수저를 물고 나온 3세들은 점점 가산을 탕진해 가고, 빈농의 자식이지만 성실한 일꾼인 왕룽(王龍)은 그들의 땅을 하나 둘 매입하기 시작하다가 나중에는 황부자의 집까지 사들이게 된다는 것이 이야기의 큰 줄기다.

소설은 왕룽이 황부잣집의 여종인 오란(阿藍)을 아내로 맞이하는 날로 시작한다. 혼기가 찼어도 빈농의 자식인 터라, 배우자를 택할 수 있는 조건도 한정되어 있었다. 게다가 예쁜 여종들은 이미 부잣집 남자들의 손을 탔을 게 뻔한 그런 시대였기에, 그나마 왕룽에게 주어진 선택지는 덜 못생기고도 착한 여종이다. 다행히 왕룽은 오란의 용모가 싫지 않았고, 첫날밤에 확인한 그녀의 처녀성은 더 없는 기쁨이었다. 또한 오란의 성실함과 강한 생활력은 왕룽의 삶에 안정을 가져다준다.

첫 아이를 낳은 후 돌아온 설날에, 왕룽과 오란은 아이를 안고 황부잣집에 인사를 드리러 간다. 그리고 황부잣집 딸의 혼례 비용을 충당하기 위해서 주인 영감이 땅을 내놓은 사실을 알게 된다. 왕룽은 이전에 황부잣집에서 무시를 당한 경험도 있었고, 아내 오란을 평생 들볶은 집안이기도 했기에, 어떤 오기가 발동한다. 성실히 모아 두었던 돈으로 기어이 황부잣집의 땅을 산 사건은 하나의 복선이기도 하다.

황부잣집에서 매입한 땅은 더할 나위 없이 비옥했고, 왕룽은 더할 나위 없이 성실했기에, 이전보다 몇 곱절이 많은 소출로 부를 쌓는 재미를 알아 가던 차였다. 그러나 어느 해에 찾아온 기근은 왕룽과 오란의 성실함도 비껴가지 않았다. 온 마을이 굶주림에 허덕이고. 서로가 서로에게 도적이 되어 가고 있던 터, 왕룽의 곳간도 약탈의 대상이었다.

그러나 마을 전체가 흉년인 시절에 왕룽의 집이라고 한들 사정이 다른 것도 아니었다. 먹을 것이 없어서 이젠 사람 고기까지 먹는다는 흉흉한 소문이 떠돌기 시작하자, 왕룽은 고향을 떠나기로 결심한다. 남쪽 지방은 그래도 먹고살 만한 곳이라는 이야기를 듣고서, 가족 모두를 데리고 기차에 오른다.

기근에 허덕이는 고향과는 달리, 남쪽 지방은 같은 중국인가 싶을 정도로 활황이었다. 왕룽은 인력거를 끌고, 나머지 가족들은 길거리에서 구걸을 하며 입에 겨우 풀칠을 하긴 하지만, 그 또한 하루 벌어 하루 살기가 빠듯한 피로도를 잇대는 일상이었다. 그러나 그나마도 중국 남부에서부터 시작된 혁명의 난리통 속에 가능하지 않은 일이 되자, 왕룽은 다시 고향으로 돌아갈 날을 꿈꾼다. 그곳에는 아직 자신의 땅이 있기에, 시절만 좋아지면 어떻게든 그 땅에 기대어 살아갈 수가 있었다.

난리의 와중에 남부 지방에서도 가난한 민초들이 부자들을 약탈하는 사건들이 발생했다. 이번엔 왕룽과 오란도 그

도적들 중 일부였다. 부잣집에서 훔친 보석들을 가지고 고향으로 돌아온 왕룽은 그것을 팔아 땅을 더 사들이기 시작한다. 다시 땅을 일구며 재산을 축적할 수 있었던 왕룽은, 이때부터 어떤 상황에서도 가장 안정적인 재산으로서의 땅을 생각한다. 그리고 기근과 난리통 속에 거의 멸문의 위기로 치달은 황부잣집의 거의 모든 땅과 저택까지 매입하기에 이른다.

오란의 진주

이제 먹고살 만해지니 그토록 성실하던 왕룽도 슬슬 딴 생각을 하기 시작한다. 우연히 들른 찻집에서 한두 번 정을 통한 렌화(蓮華)를 기어이 소실로 들이고 만다. 원래부터도 그다지 예쁘지 않았던 오란은 더 이상 왕룽의 욕정을 채워줄 수 있는 여인이 아니었다. 생사고락을 함께했던 조강지처에게 미안한 마음도 없진 않지만, 왕룽은 시대의 풍토로저 자신을 정당화한다. 있는 남자들은 모두가 다 그렇게 살아가는 것일 뿐, 자신이 특별히 잘못한 경우는 아니라며…. 오란은 그 모욕감을 꿋꿋이 견디며 살아간다.

가난한 날에는 가난한 대로 근심이 있고, 풍족한 시절에는 풍족한 대로 근심이 있는 법. 소실과 그녀를 따라온 종년은 매일같이 사치를 일삼고, 없이 살던 시절부터 자신을 귀찮게 굴던 삼촌의 식구들은 아예 그의 집 한 켠을 차지한 채 재산을 축내고 있다. 왕룽에겐 제 맘처럼 되지 않은 자식들이 가장 걱정이다. 가난했던 날들의 긴장감이 풀린 삶에 허튼 생각을 풀어놓는 이는 왕룽뿐만이 아니었다. 왕룽 몰래 렌화의 처소를 기웃거리는 장남과, 왕룽이 애지중지하는 여종에게 마음을 두고 있는 삼남에게 연적으로서의 질투심을 느낄 판이다. 가난한 시절에는 상상도 해본 적이 없는 비상식적인 일들로 근심을 잇대야 했던 왕룽, 그러나 모든 비상식들의 화근이 바로 왕룽 자신이기도 했다.

어느 날에 딸에게서 들은 슬픈 이야기는 오란에 관한 것이었다. 오란은 자기 자신처럼 아버지에게 사랑받지 못하는 못난 여자가 되어서는 안 된다는 당부와 함께 딸을 기르고 있었던 것. 왕룽은 가슴 한 켠이 헛헛하면서도 끝내 자신의 잘못이란 사실은 인정하지 않는다. 돈이 있는 남자들은 충분히 그럴 수 있다는 게 아직도 그의 생각이다. 그러나 갑작스럽게 오란에게 찾아든 죽음 앞에서 그 생각을 내려놓게 된다.

그렇게 고생만 하다가 좀 살만해지니 남편은 허튼 수작을 부리고, 오란 자신은 죽음을 앞에 두고 있다. 왕룽은 이제서야 오란이 가여워 죽을 지경이지만, 돌이킬 수 없는 운명으로 자신이 떠민 것이나 다름없다. 장남의 혼례를 보고 죽겠다는 오란의 간절함에, 왕룽은 서둘러 장남의 혼사를 치른다. 오란은 맏며느리의 성실함을 확인하고서, 치열했던 삶의 마지막 숨을 왕룽의 품에서 거둔다.

오란의 죽음 이후, 왕룽을 가장 힘들게 한 광경은 렌화의 진주 귀고리였다. 남쪽 지방의 부잣집에서 훔쳐온 보석들을 팔아 땅을 매입할 시, 오란은 진주 두 알만 자신에게 남겨 달라고 왕룽을 조른 적이 있다. 한 번도 남편을 조른 적도 없었거니와 오란의 억척스러운 삶에 그 보석이 뭐가 필요할까 싶었지만, 오란 또한 여자였다. 오란은 왕룽에게서 건네받은 그 진주 두 알을 애지중지하며 항상 가슴에 품고 다녔었는데, 렌화에게 정신이 팔렸던 시기에 왕룽은 그 진주를 빼앗아 귀고리를 만들어 준 것. 죽는 그날까지 오란에게는 그것이 가슴에 들어찬 한이었고, 왕룽은 오란이 죽은 날에야 그 회한을 돌아본다.

오란이 죽은 후에도 왕룽의 삶은 평탄하지만은 않았다. 여전히 부자이긴 했지만, 여전히 산재해 있는 부자로서의 고민들. 그때마다 왕룽은 자신이 황부잣집에서 처음 사들인 땅을 거닐어 본다. 그 대지가 주는 감흥 속에서 고민을 잠시 잊어 보기도, 삶의 활력을 되찾기도 한다. 그리고 때때로 오란을 떠올린다.

그 대지를 거닐며 자신이 살아온 인생을 돌아보기 시작할 즈음엔, 왕룽은 어느덧 일흔의 나이가 되어 가고 있었다. 이젠 자신의 정신이 오락가락하고 있다는 사실도 안다. 얼마 후엔 오란이 묻혀 있는 무덤 곁에 자신도 묻히게 될 것이다. 그렇듯 땅은 그에게 모든 것을 베풀어 주었다. 그러던 어느 날 그 땅에 철길이 들어서면 보상금을 공정하게 나누자는 장남과 차남의 이야기를 엿듣게 된 왕룽은, 두 아들에게 진노를 퍼붓고 그 자리에 쓰러진다. 왕룽을 부축하며 일으켜 세우는 두 아들은 땅을 파는 일은 절대 없을 거라며 아버지를 다독인다. 그러나 소설의 마지막 장면은, 아버지를 함께 부축하는 와중에 서로를 향해 옅은 미소를 지어 보이는 두 아들이었다.

『아Q정전』
루쉰

노예의 도덕

루쉰은 의사가 되기 위해 일본으로 건너가 의학을 공부했으나, 육체보다는 정신적인 치료가 더 필요한 중국의 현실에, 그리고 한 친구의 제안에 문인의 길로 들어선다. 첫 작품인 『광인일기(狂人日記)』로 유명 인사가 되었고, 잇달아 신문에 연재한 『아큐정전』으로 중국을 대표하는 현대 작가의 반열에 오르게 된다.

그의 작품들은 시대적 사회적 체험에 기반한다. 닥친 재난의 본질에 대한 심도 있는 고찰을 하지 못하는, 방관의 태도를 견지하는 중국민중을 질타했던 것. 아큐 개인의 불행을 묘사하는 것을 넘어, 당대 중국 사회가 직면하고 있던 문제의 책임의식을 시대와 사회에 되묻고 있는 것이다.

정신승리법

그는 오른손을 들어 자신의 뺨을 두세 차례 힘껏 후려쳤다. 화끈거리고 아팠다. 실컷 때리고 나자 그때서야 마음이 좀 후련해졌다. 때린 것은 자기고 맞은 사람은 남인 것 같은 느낌이 들었다. 그리고 시간이 조금 흐르자 자기가 남을 때린 것으로 생각이 바뀌어 있었다. 아직 화끈거리고 아팠지만 그는 승리감에 도취해 자리에 누웠다.

아큐는 어느 농촌 마을의 날품팔이로 살아가는, 때론 게으르고 때론 어리석으면서도 교활한 하층민으로서, 같은 계급의 입장에 있는 마을 사람들에게조차도 멸시를 당한다. 물론 아큐 자신도 그들을 멸시하고…. 그에게 유일한 출구는 정신승리법, 환상 속에서의 정당화와 합리화로 해소할 뿐이다. 루쉰은 이런 정신승리법이 하층민들만이 아닌, 지배층과 지식인들에게서도 작동하는 부조리임을 비판하고 있는 것. 당시 중국의 이권을 노린 제국주의 침탈에 그저 안으로 곪아 드는 자기 모멸감만 느끼고 있었을 뿐, 새로운 시대정신으로의 의지는 없었다.

루쉰의 작업 노트들을 보면 쇼펜하우어와 니체의 어록들

이 많이 적혀 있다. 그만큼 탈중화적이며, 전통이란 명분에 저항하던 모던보이이기도 했다. 아큐는 타고난 가정의 조건이 운명을 좌지우지한다고 믿고 있다. 결국 세도가의 권위와 후광에 기대려다가도 망신을 당한다. 니체의 영향을 많이 받은 루쉰은, 당대 중국을 '노예의 도덕'으로 설명하고 있는 것. 스스로 변화를 꾀하는 것이 아니라, 상황 자체를 수긍하면서 그 안에서 가능한 우월감을 겨룬다. 계급적으로는 그렇지 못하지만, 사고방식은 자신과 기득권을 동일시하고 있다.

아큐는 무지한 민중을 상징하지만, 그는 봉건사회의 계급질서 속에서 자신의 위치를 인정받을 수 있다면 어떠한 고통도 참을 수 있다. 이것이 인내인가, 노예근성인가에 대한 질문. 아이러니한 이 인정욕구가 결국 아큐를 죽음에 이르게 한다.

그의 보수적 사고는 여성을 대하는 태도에서도 드러난다. 정작 애정을 경험한 적이 없으면서도, 대를 잇는 수단 정도로 간주할 만큼, 여자에 대해서는 꽤나 까탈스러운 신념으로 일관한다. '남녀칠세부동석'의 곤조는 어쩌다 남녀가 이야기하는 모습만 보아도 숨어서 돌팔매질을 하기도 한다. 실상 이는 이면에 다른 마음이 있다는 반증이기도 하다.

질투를 신념으로 착각하는 경우. 나에게 가능하지 않은 것들을, 나는 원하지 않는다, 라며 돌려세우는….

그 대표적인 사례가 아큐가 여승을 희롱하는 장면, 실상 처음에는 희롱이라기보단, 진심을 표하는 데 서툰 모습이었다. 그러나 뜻대로 되지 않자, 그 왜곡된 신념으로 돌아서 몽니를 부린 것. 타인으로부터의 경멸과 조롱에는 익숙해져 있는 터, 그것을 학습한 효과가 자신보다 약자인 듯한 이에게 가해진다. 자신에게 모멸감을 건네는 이들에 대해서 그 계급에 따라 다른 심정으로 반응하는 것.

아큐의 기행은 결국 굴욕과 모멸로 되돌아온다. 그러나 그 원인에 대한 철저한 분석이 이루어지지 않는다. 저 자신을 정당화할 수 있는 변명만 늘어놓을 뿐이다. 그런 정신승리법 이면에는 빼앗겼다는 피해의식이 있다. 그런데 이걸 자신의 생활체계를 흔들어 놓을 수 있는 기득권에게는 풀어놓지 못한다. 그러면서도 필요할 땐, 자신을 억압하는 기득권과 자신을 동일시하고 있다. 때문에 되레 그들 자신과 같은 계층이거나, 자신보다 약한 상대를 향해 날이 서 있다.

신해혁명의 새로운 시대정신을 접하기도 하지만, 그의 허영만 높여 주는, 정신승리의 전리품에 불과하다. 이는 본질을 자각하지 못하는 당대 중국민중의 사고방식을 대변한다. 중화사상에 도취되어 외부세계에 대해서는 철저히 배타적이고 보수적인 태도, 그러나 그것이 결국 굴욕의 역사로 이어졌다.

이니셜 Q

루쉰은 『아Q정전』 서문에 자신이 소설의 제목을 그렇게 단 연유에 대해 적어 놓고 있다. 한문학에서 '전(傳)'이라는 장르는, 인물에 대한 연대기를 다룬 글을 의미했는데, 후대로 오면서 소설의 문체로 파생되기도 한다. 루쉰은 이 이야기가 자신의 창작은 아닌 어디선가 들은 이야기의 각색이라는 의미로, 또한 정식 한문학의 문체가 아닌 소설식 필법이라는 점에서, 당시 소설가들 사이에서 회자되던 '잡담은 그만하고 본론으로 돌아가자'는 관용구를 인용해 '정전(正傳)'이란 단어를 택했음 을 밝히고 있다.

아큐(阿Q)라는 이름은, 그의 이름이 확실치 않아서, 알파벳으로 표기하는 한어병음의 첫 글자로 대신 쓴 경우. 阿는 애칭으로 붙는 접두사다. 당대 중국인의 변발을 상징하는 것이라는 설명이 적혀 있는 지식백과도 있는데, 루신이 어디에서 정말 이런 말을 언급했는가를 다시 살펴야 할 일이 겠지만, 변발에 초점이 맞춰진다면 자칫 만주족에 대한 한족의 슬로건으로 읽혀질 수도 있지 않을까?

차라리 마지막에 아큐가 사형을 언도받는 페이지에 알파벳 Q의 상징인 듯한 장면이 등장한다. 루쉰은 아Q가 혁명군에 가담하려는 장면을 그리면서, 혁명의 진정성 문제까지 질타하고 있다. 지주계급과 동일한 정치색을 지닌 아큐는 혁명은 반역이라고 생각하고 있었다. 그러나 신해혁명이 일어나고 마을의 지주들이 혁명당을 두려워하는 모습을 본 아큐는 자신이 혁명당이라고 떠벌리고 다닌다. 그러나 그 일로 인해 억울한 누명을 쓰고 체포되어 총살을 당할 위기에 봉착한다.

총살을 당하기 직전에 서명을 해야 할 일이 있었는데, 문제는 그가 글을 몰랐다는 점. 대충 동그라미라도 그려 넣으라는 재촉에, 붓을 들고 원을 그리는 아Q. 그 와중에도 남들의 시선을 의식하며 최대한 정성들여 그리다가 마무리 지점에서 붓이 원 밖으로 미끄러진다. 중국어 원문에는 '瓜子'의 단어로, 그 미끄러진 원의 모양을 많은 번역서들이 단순히 '호박씨'로 해독하는데, 맥락을 살피자면 호박씨의 끝이 봉긋하게 솟아오른 모양에 대한 묘사이다. 즉 Q자로 해석할

수도 있으며, 이 소설이 아Q라는 인물로써 말하고자 하는
바에 대한 연출로 볼 수도 있는 부분이다.

『억척어멈과 그 자식들』
베르톨트 브레히트

모성의 부조리

브레히트의 전성기로 일컬어지는, 스칸디나비아 반도 국가 망명 시기에 씌어졌다. '30년 전쟁의 한 연대기'라는 부제가 붙은 이 작품은, 전쟁의 본질적인 불행을 자각하지 못하고 오히려 기회로 착각하고 억척스럽게 살아가는 한 여인의 이야기를 다루고 있다. 여인을 소재로 할 뿐, 단지 여성에게 국한된 것은, 특정 계층에 한정되는 것만도 아니다. 당대의 모든 민중이 겪었던 불행이다. 브레히트의 비판은, 어떠한 형상이든 민중의 속성에 내재된 인간의 보편적인 저열함을 드러내고자 함이었다.

좋게 표현하자면, 절망의 시대에서도 희망을 잃지 않고 억척스럽게 살아가는 모성애를 다룬 비극이다. 그 억척스러움이 찾은 희망이란 게 전쟁을 통한 장사였다. 희망을 찾은 모성애에게 있어 이제 절망은 종전이다. 그녀에겐 각각 다른 남자들과의 사이에서 태어난 세 자녀가 있다. 전쟁의 혼란기에 돈을 벌겠다는 일념으로 전쟁터를 누비고 다닌다. 그러나 그 희망의 전쟁통에 '그 자식들'을 차례로 잃는다. 살아 보려고 했던 최선은 살 수 없게끔 만드는 최악의 뒷모습을 지니고 있었다.

브레히트의 포커스는 운명의 양가성이 아닌 개인의 각성에 맞춰져 있다. 비극의 원인을 자각하지 못한 채, 전쟁이 끝나지 않길 바라는 억척어멈에겐, 오로지 팔려고 사들인 물건이 걱정이다. 브레히트가 굳이 모성애라는 극강의 사랑을 끌어들인 의도는, 부조리를 인정하면서도 사랑이란 명분으로 그 부조리에서 희망을 찾는 군상들에 대한 풍자다. 그 부조리함의 희생양이 될 수밖에 없는 구조적 한계를 자각하지 못하는 셈법에, 온전한 사랑이 허락될 리도 없지 않은가.

억척어멈: 지금 막 물건을 새로 사들였는데 평화가 발발했다고 말하지 마시오.

군목: 나는 당신이 그렇게 장사하는 것에, 그리고 언제나 잘 꾸려 나가는 것에 놀랄 때가 많았소. 사람들이 당신을 억척 어멈이라고 부르는 것을 이해하겠소.

억척어멈: 가난한 사람들에게는 억척이 필요해요. 왜냐하면 그들은 버림받았기 때문이에요. 그들이 아침에 일찍 일어난다는 것부터가 그들의 상황에서는 필요해요. 또는 그들이 밭을 갈아엎거나, 그것도 전쟁 중에 자식들을 낳는 것도 그들이 억척이라는 것을 보여 주죠. 왜냐하면 그들에겐 전망이 없으니까. 서로 얼굴을 마주 보려고만 해도 그들은 서로 죽이고 죽는 싸움을 해야 하는데, 그것도 억척이 필요해요. 그들이 황제 한 명과 교황 한 명을 견뎌 낸다는 사실도 엄청난 억척을 증명하는 거예요. 왜냐하면 그들은 목숨을 걸고 있으니까.

그녀는 자신에게 이익이 될 수만 있다면 어느 편이든 상관없다. 철저히 전쟁을 이용한다. 억척스러움으로 생계를 유지할 수 있었지만, 전쟁통에 모든 자녀를 잃는 값비싼 대가를 치르면서도, 열심히 노력하면 모든 일이 잘 될 거라는 억척스러움의 미덕에 밀려난 모순을 인식하지 못한다. 전쟁이 어떻게 세상을 파괴하고 스스로의 삶을 규정하는지에 대해서는 관심이 없다. 팔아야 할 물건이 남아 있는 억척어 멈에겐 그저 전쟁보다 평화가 불편할 뿐이다.

"민중이 정치적 객체로 남아 있는 한, 민중은 자신에게 닥친 일을 일어날 수도 있는 하나의 사건으로서가 아니라, 운명으로 받아들이게 된다. 민중은 해부대에 있는 개구리가 생물학에 대해 아무것도 배우지 못하는 것처럼, 재앙으로부터 배우는 바가 없다."

브레히트의 『독일희곡의 이해』에 적혀 있는, 인상 깊은 개구리의 비유. 다소 냉소적이고도 비관적으로 느껴지기도 하지만, 실상 우리의 삶이 그렇지 않은가? 시련과 실연이 성장통이 되어 주기도 하지만, 그저 시련과 실연 이상의 의미밖에 없는 경우들도 있으니까.

브레히트는 예술을 위한 예술을 추구하지 않았다. 그에게 예술의 목표는 세계를 변화시키는 것이었다. 그의 유명한 기법이기도 한 '낯설게 보기'는, 극을 통해 작가가 전달하고자 하는 메시지를 관객들 스스로 발견하게 하는 기능이다. 이를테면 나의 현실을 반성하게끔 하는 영화나 드라마의 어떤 장면들처럼, 현실에서는 반성적 거리를 취할 수 없는 나에 관한 일들이, '대상화'가 되는 경우에는 가능해지는 경우.

억척어멈은, 경제적 이유로 전쟁을 정당화한 독일에 대한 풍자이기도 하다. 관객들 자신이 동조했던 파쇼가 어떤 모순된 불행이었는지를 자각하지 못하는…. 지금이야 자신들이 일으킨 전쟁에 대한 반성을 교육에서부터 철저한 국가이지만, 그도 68혁명 이후의 일이다. 또한 약소국에 대한 처우는 지금 여전히 부실한 실정. 그렇다면 일본은 도대체 어떤 어멈에 빗댈 수 있을까?

『이방인』

알베르 카뮈

세상의 부조리 너머

뫼르소는 알제리에 사는 평범한 월급쟁이 직장인이다. 양로원에 계신 엄마의 죽음으로부터 이야기는 시작한다. 모친의 부고 소식을 들은 그는 장례를 치르기 위해 양로원으로 향한다. 자기 어머니의 죽음 앞에서 덤덤한 모습을 보이다 못해 피곤함을 느낀다. 시신 앞에서 약간의 죄책감을 느끼면서 담배를 피우기도 한다. 어머니의 장례식을 마친 다음 날, 마침 주말이라 해변으로 놀러가게 되고, 거기서 이전부터 호감을 지니고 있었던 동료 마리를 우연히 만나 데이트를 한다.

창고업자라고 알려져 있지만 사실은 양아치 포주인 이웃 레몽을 만나 그의 부적절한 요구를 들어주기도 하면서 친구가 된다. 그리고 레몽과 그의 친구의 별장에 놀러가게 되면서 아랍인들과 엮이고, 아랍인을 살해하는 사건이 벌어진다. 아랍인의 단도에 반사된 햇살에 방아쇠를 당겼다. 움직이지 않는 몸에 네 발의 총성을 더한다. 뫼르소는 살인의 이유를 '뜨거운 태양 때문'이라고 말했다. 그 말은 사실이었지만, 이 때문에 웃음거리가 되고 만다. 법정에서는, 아랍인을 왜 죽였는지 혹은 피해자는 누구인지가 아닌, 뫼르소의 평소 행동과 행실에 대한 증언들이 이어진다. 결국 최종 판결은 사형.

뫼르소는 현실 세계의 규범에서 볼 때 이방인이다. 현실 세계가 미리 지정한 틀에 맞춰 살고 싶지는 않다. 어머니의 장례식에서 슬퍼하지 않았고, 시신 앞에서 태연히 담배를 피우기도 했고, 장례식이 끝나고 바로 여자와 데이트를 했고…. 사실 그의 모든 행동에는 어떤 의미를 담고 있지 않다. 하지만 주변 사람들은 그 모든 사건과 행동에 어떤 의미를 부여한다.

그는 단지 사회적 감정에 따르지 않았던 개인이었을 뿐이다. 현재의 순간에 만족하는, 순진하고 즉흥적인 면이 있긴 하지만, 그 이상도 이하도 아니다. 그가 악의적 의도로 살인을 저지른 것이란 판결에는, 그가 왜 그랬는지에 대한 질문

보다 그가 평소 어떤 사람이었는지에 대답이 결정적인 역할을 하고 있다. 그는 단 몇 마디 말이면 죽음을 면할 수 있었지만, 자신을 속이지 않았다.

"Nobody realizes that some people expand tremendous energy merely to be normal." (어떤 사람들은 단지 평범해지기 위해 무한한 에너지를 소비하지만, 어느 누구도 그것을 알지 못한다.)

카뮈의 어록. 우리는 사회화가 시작되는 그 순간부터, 그 사회의 평균이 되기 위해 부단히 노력하며 살아간다. 그 사회가 원하는 보편적 도덕에 개인의 감정을 길들인다. 무의식적으로, 그렇게 되어 가고 있음을 자각하지 못한 채. 뫼르소는 틀에 맞추려는 위선과 거짓을 위한 노력을 행하지 않는다.

그때 왜 그랬는지 몰라도, 내 속에서 그 무엇인가가 툭 터져 버리고 말았다. 기쁨과 분노가 뒤섞인 채 솟구쳐 오르는 것을 느끼며 그에게 마음속을 송두리째 쏟아 버렸다. 그는 어지간히도 자신만만한 태도다. 그렇지 않고 뭐냐? 그러나 그

의 신념이란 건 모두 여자의 머리카락 한 올만 한 가치도 없
어. 그는 죽은 사람처럼 살고 있으니, 살아 있다는 것에 대한
확신조차 그에게는 없지 않느냐? 나는 보기에는 맨 주먹 같
을지 모르나, 나에게는 확신이 있어. 나 자신에 대한, 모든
것에 대한 확신. 그보다 더한 확신이 있어. 나의 인생과, 닥
쳐올 이 죽음에 대한 확신이 있어.

죽음 앞에서의 삶

"뫼르소를 통해서 우리들의 분수에 맞을 수 있는 단 하나
의 그리스도를 그려 보려 했다."

신부는 눈물을 머금고 그를 포기한다. 그러나 뫼르소는
자신을 찾아와 '구원'의 진리를 늘어놓는 신부가 딱하다. 신
부가 말하는 진리라는 게 도대체 무엇일까? 뜬 구름 잡는 듯
한, 삼류 형이상학 같은 진리의 추종자는 참 고집스럽기도
하다. 자신은 적어도 신이 내린 모든 것들에 감동할 줄 아는
데…. 냄새와 소리에 민감하다. 햇살을 구경하는 일, 손끝에
스쳐 가는 바람을 느끼는 일이 보다 중요하다.

그를 계도하고자 다가온 신부에게 정녕 구원이 필요했던 것일까? 자신의 존재의미를 해명해 줄 죄가 필요했던 것일까? 물론 카뮈의 소설이 살인을 미화하려는 의도이기야 하겠는가. 언도된 사형 앞에서, 미리 당겨진 죽음 앞에서 삶의 의미를 되돌아보기도 하는 뫼르소는, 어떤 의미에선 카뮈 스스로는 거부했다는 실존주의자, 카뮈 저 자신이기도….

카뮈의 철학은 세계에 대한 즉물적 감흥으로부터 시작한다. 이 세계는 플라톤적이지 않다. 다분히 스피노자적이며 궁극엔 니체적이다. 관건은 신체와 감각. 손끝을 스치는 것들을 느껴 보는 순간을 대하는 태도의 차이. 이 세계를 말과 글로, 지식으로, 텍스트적으로 인식하는 이들과, 삶으로 직접 만끽하는 이의 존재론적 차이. 그 극간으로부터 다시 쓰여지는 이야기들.

카뮈가 말하는 '부조리'란, 그런 극간에 관한 이야기이기도 하다. 신부의 신념이 여자의 머리카락 한 올만 한 가치도 없다던 뫼르소의 감각. 그것이 의미하는 바는, 어느 날 자각해 버린, 삶의 관성이 안고 있는 부조리에 관한 것이다. 왜 부조리라고 표현했는가 하면, 그것에로의 저항과 순응 사이에서 느끼는 모순된 심정이기에….

자신의 재판이 흥미롭기도 하고 따분하기도 한 뫼르소

는, 계획적인 살인이라는 검사의 주장에도, 어떻게든 사형은 면하려고 애쓰는 변호사의 변호에도 별 관심이 없다. 그런 표정에 방청객들은 반성이 없다며 분노한다. 담담한 심정으로 사형집행을 기다린다. 사형을 집행하는 날 많은 사람들이 증오의 함성으로 자신을 보내 주길 원한다.

죽어도 거짓말을 하지 않겠다는 결연한 자세. 있는 그대로 말하고, 자기 감정을 은폐하지 않는다. 사회는 이런 태도를 위협으로 규정하며 그에게 뉘우치라 명한다. 뫼르소는 세상이 미리 지정한 체계에 참여하고자 하지 않았기 때문에 사형선고를 받는다. 그래서 진정한 이방인이다. 거짓말은 있지도 않은 것을 말하는 것만이 아니라, 실제로 있는 것 이상으로 말하는 것, 자신이 느끼는 것 이상을 말하는 것이다. 우리는 얼마나 많은 거짓말을 하고 사는가.

눈을 뜨자 얼굴 위에 별이 보였다. 들판의 소리들이 나에게까지 올라오고 있었다. 밤 냄새, 흙 냄새, 소금 냄새가 관자놀이를 시원하게 해주었다. 잠든 그 여름의 그 희한한 평화가 밀물처럼 내 속으로 흘러들었다. 그때 밤의 저 끝에서 뱃고동 소리가 크게 울렸다. 그것은 이제 나에게 영원히 관계가 없게 된 한 세계로의 출발을 알리고 있었다. 참으로 오랜 만에 나는 엄마를 생각했다. 엄마가 왜 한 생애가 다 끝나갈 때 '약혼자'를 만들어 가졌는지, 왜 다시 시작해 보는 놀음을 했는지 나는 이해할 수 있을 것 같았다. 거기, 뭇 생명들이 꺼져 가는 그 양로원 근처 거기서도, 저녁은 우수가 깃든 휴식시간 같았었다. 그토록 죽음이 가까운 시간 엄마는 거기서 해방감을 느꼈고, 모든 것을 다시 살아 볼 마음이 내켰을 것임에 틀림없다. 아무도 엄마의 죽음을 슬퍼할 권리는 없는 것이다. 그리고 나도 또한 모든 것을 다시 살아 볼 수 있을 것 같은 생각이 들었다. 마치 그 커다란 분노가 나의 고뇌를 씻어 주고 희망을 가시게 해주었다는 듯, 신호들과 별들이 가득한 그 밤을 앞에 두고, 나는 처음으로 세계의 정다운 무관심에 마음을 열고 있었던 것이다.

그러나 가까이 다가온 죽음 앞에서 삶의 의미를 되돌아보기도 한다. 죽음 앞에 이르러서야 일상의 모든 것이 소중함으로 다가온다. 또한 다시 살아 볼 만한 세상이라는 생각이 들기도 한다. 대부분의 사람들은 살아가면서 죽음을 생각하지 않는다. 그냥 일단 태어났으니 살아가는 거다. 눈앞에 죽음이 닥치면 그때서야 삶의 의미에 대해 돌아보게 된다. 죽음을 생각한다는 건, 역설적이게도 삶을 생각한다는 것.

하이데거는 죽음에 대한 불안을 통해 존재자들의 충만한 존재를 경험할 것을 촉구하기도 했다. 언젠가는 죽는 존재라는 사실에 새삼스러운 자각 앞에서 이 삶은 의미를 되찾는다.

작가의 페르소나

알베르 카뮈는 1913년 알제리의 몬도비에서 태어났다. 당시 알제리는 프랑스의 식민지였는데, 단지 프랑스의 한 지방의 개념이었다. 새로운 기회를 찾아 많은 프랑스인들이 이주했다. 그의 아버지는 1차 세계대전에서 전사했고, 스페인계 노동자였던 엄마와 다소 가난한 어린 시절을 보냈다. 알제리 대학에 입학했다가 폐결핵으로 중퇴하게 되지만, 이후 신문기자, 소설가이자 철학자, 인권운동가 등 다양한 영역에서 활동한다.

간혹 실존철학의 카테고리로 묶는 이들도 있지만, 그 스스로가 밝혔듯 당대 실존철학의 계보들과는 거리를 두고 있다. 아무래도 실존의 시대이기도 했고, 사르트르와 어울렸던 인연이 있긴 하지만, 사르트르가 담지하고 있던 다소 급진적인 마르크스주의와는 결이 맞지 않는 성향이었다. 사르트르에 비하면 카뮈는 상대적으로 온건주의자였다.

스스로를 '우리 같은 우익'이라고 표현하지만, 또 앙드레 말로에게는 존경을 표할 정도로 마르크스 철학 자체를 거부하는 입장은 아니었다. 단지 방법론의 차이가 있었던, 사르트르에 비해 상대적으로 오른쪽에 위치했을 뿐, 오늘날 우리가 말하는 그 우익의 성격은 아니다. 그런 것 보면 오늘날의 우익 개념이 얼마나 왜곡된 것인가를 돌아볼 근거가 카뮈인지도 모르겠다. 지금의 그들에게는 좌우의 방향성을 논하는 것 자체가 별 의미가 없어 보이기도 하고….

시대의 라이벌로 묶이기도 하기에 어쩔 수 없는 비교, 사르트르가 철학사의 지분을 더 많이 지니고 있는 반면, 카뮈에게는 문학사의 지분이 대부분. 사르트르의 앙가주망(engagement)은 문학이 지닌 사회적 기능을 강변한다. 사르트르는 그런 취지에서 카뮈를 비판하기도 했다. 문학의 방향성은 같더라도 각자의 방법론이 있는 건데, 카뮈 입장에서는 불쾌한 일일 수도 있었다. 그것을 가능케 한 삶의 시간은 카뮈가 더 처절했으니. 더군다나 그가, 미리 규정된 것들에 자신을 끼워 맞추고 싶지 않았던 부조리의 미학을 탄생시킨 알베르 카뮈였기에….

『인간의 조건』
앙드레 말로
신념과 이데올로기

"내 마음을 사로잡은 유일한 것을 표현하고자 했다. 그리고 인간의 위대함에 관한 여러 가지 이미지를 보여 주려 했다. 억눌리고 암살당하고 산 채로 불속에 던져지고 파괴되어 가는 중국 공산당원들의 죽음을 위해서 이 글을 썼다. 열정과 위대함보다 자신의 정치적 정열을 중요하게 생각하는 사람들은 가장 먼저 이 책에서 멀어져 갈 것이다." ─ 앙드레 말로

중국의 국공합작을 배경으로 하는 소설은, 실제로 중국 혁명기에 국민당 정부와 관계를 맺고 있었던 앙드레 말로의 경험에 기반한다. 중국의 문제뿐만이 아니라 세계 곳곳에

서 일어나는 분쟁에 관여했던, 행동문학의 거두로 알려진 그는 치열한 삶으로서 자신의 철학을 증명했었다.

지구상에 실질적인 공산국가는 중국과 북한밖에 남아 있지 않은 오늘날에, 그도 그 기점의 기치에서는 많이 벗어나 있는 정치 모델이기에, 마르크스—레닌주의는 이젠 고전으로서 가치가 전부이지 않을까 하는 생각도 해보게 된다. 마르크스는 자본주의를 부정하지만은 않았다. 봉건의 질서를 타도하기 위해서라도 자본의 힘은 필요한 것이었다. 마르크스의 연구를 엥겔스의 부(富)가 서포트했듯, 부르주아들의 힘을 이용할 필요가 있었다.

마르크스의 구상에 따르면, 자본의 구조가 지닌 속성상, 부르주아들이 구체제를 무너뜨린 후에는 반목과 부조리가 발생하기 마련이다. 그 모순의 지점에서 프롤레타리아 혁명이 일어난다는 것. 이에 반해 경제수준이 서유럽과 같지 않았던 러시아에서는 아예 프롤레타리아 혁명으로 봉건의 질서를 타파해야 한다는, 보다 급진적인 분위기였다. 조금 공부하신 분들은 익히 들어 봤을 볼셰비키와 멘셰비키의 차이는 레닌과 마르크스의 성향 차이이기도 하다.

공산주의의 최초 취지는 꽤나 이상적이었다. 가난하고 피로한 삶의 연속인 민초들의 입장에서는 모든 사회가 평등한 세상을 만들자는 사상이 종교의 복음처럼 들리지 않았겠나? 그러나 결과적으로 그 평등의 기치가 결국 민중에게 무기력을 선사했다. 노력에 상응하는 대가가 아닌, 평등의 대가가 돌아오는 사회는 더욱 가난해질 수밖에 없었다. 또한 마르크스의 예상과 달리 자본사회는 꽤나 견고한 구조를 지니고 있었으며, 레닌의 기대와는 달리 공산당 간부들이 되레 봉건 시대의 귀족이나 다름없는 지위를 차지한 현실. 무엇보다 본질적인 문제는 최초의 이상을 왜곡한 역사라는 점이다. 레닌은 스탈린에 의해 왜곡되었고, 마오쩌둥은 저 스스로 타락했다. 최초의 이상을 함께 꿈꾸었던 이들은 숙청의 대상으로 몰락한다.

우리 모두의 대의

당시 중국은 다소 복잡한 양상이었다. 봉건의 질서는 청이라는 이민족이었고, 서양의 열강들은 청 말기의 군벌을 배후에서 지원하고 있었다. 구질서의 문제에 외세의 문제가 덧대어져 있는 형국, 이에 부르주아와 프롤레타리아가 공동의 현안부터 처리하자는 취지로 1차 국공합작이 이루어진 것. 그러나 혁명이 한창이던 와중에는 당장의 사안에만 집중하지만, 혁명이 완수된 듯한 시점에서는 서로 세를 점하기 위한 갈등이 불거지기 마련. 국민당의 장제스는 공산당을 탄압하기 시작했고, 그 일환으로 공산당의 무기를 회수하고 군자금을 틀어막았다.

소설은 장제스를 암살하고자 했던 공산당의 테러리스트들 사이에서 있었던 일들에 관한 이야기다. 첸, 기요, 카토프 등은 혁명군의 일원이다. 장제스가 코뮤니스트의 조직을 배척하고 무장 해제를 요구하자, 기요와 첸은 국제 노동자 연맹을 찾아가 도움을 청하지만 아무 성과도 올리지 못한다. 외부의 도움도 전혀 얻지 못한 채 자신들의 혁명 방향과 다른 국민당의 장제스를 제거하기로 마음먹는다. 장제스의 차 밑에 폭탄과 함께 몸을 던진 첸, 그러나 그 차에는 장제스가 타고 있지 않았다.

혁명군에 대한 국민당의 본격적인 탄압이 시작된다. 청산가리를 삼키는 기요, 부상당한 채 수많은 동료들과 함께 기관차 보일러 속에 넣어져 재가 되어 사라지기를 기다리는 카토프. 위대함을 향한 열정 하나에, 자신의 목숨을 걸었던 청춘들의 비참한 말로를 위로하는 듯 어둡고 습한 상하이의 거리는 더 짙은 안개로 뒤덮인다. 기요의 아버지이면서 첸의 스승이었던 지조르와 기요의 아내 메이가 기요의 시체를 거두고 일본으로 떠나는 것으로 소설은 끝을 맺는다.

소설의 대사 중 '인간의 조건'이란 제목이 처음 언급되는 부분에서, 그 조건이란 사상에 대한 신념을 의미한다.

"인간이 단 하나밖에 없는 목숨을 어떤 사상을 위해 버린다는 것은 인류의 독특한 어리석음이라고 생각하지 않습니까?"

"글쎄요, 어떻게 말씀드리면 좋을까요? 인간으로서의 조건을 견디어 낸다는 것은 아주 드문 일이겠지요."

그들 각자의 존엄성

그러나 그 사상에 대한 맹목적 신념과 그 신념에 대한 다소 회의적 관점을 지닌 공산주의자들 사이에서의 미묘한 갈등을 그리고 있기도 하다.

기요가 입을 열었다.

"우리의 슬로건은 국민당의 슬로건과 마찬가지야. 우리 쪽이 조금 더 많은 약속은 하고 있지만, 국민당은 부르주아들에게 약속을 계속 이행하고 있는데, 우리들은 노동자들에게 약속을 이행하고 있지 않단 말이야."

소설의 도입부에는 첸이 무기 중개인을 살해하는 장면이 실려 있다. 국민당에게 무장 해제를 강요받은 혁명당원들은, 무기 중개인을 암살하고 무기를 탈취하고자 했던 것. 말로가 세밀한 묘사로 다룬 살해 장면에서는, 자신이 벌인 테러로 인해 죽은 사람들에게 느끼는 첸의 죄의식이 잇대어지기도 한다. 첸은 상부의 명령을, 손에 직접 피를 묻혀 본 적 없는 이론가들의 정치로 폄하하며, 조직에게도 저항하는 과격한 테러리스트로 변해 간다. 대의를 위해 저지른 살인이지만, 자신이 죽인 사람들에 대한 대속이, 자신의 목숨을 아끼지 않는 과감함으로 이어지고 있는 것이다.

삶보다 더 큰 의미가 있는 죽음이라는 명분은, 실상 죽음에 관한 번민의 증상이었다. 소설의 제목이기도 한 '인간의 조건'이란, 이미 자신들의 죽음을 기정사실화 하고 있는 테러리스트들이 죽음을 대하는 방식이다. 대의라는 기치 아래로 앞당겨진 죽음 앞에서 고민하는 삶의 가치는, 즉 어떤 삶을 살 것인가를 결정하는, 어떻게 죽을 것인가에 관한 고민이기도 하다. 그러나 기요는 죽음을 담보하는 신념이라는 것에 다소 회의적이다.

'인간의 조건'이 의미하는 바는, 결국 자신이 처한 상황적 조건 안에서 선택하는 인간의 존엄성에 대한 성찰이다. 그러나 작가가 말하고자 하는 존엄의 문제는 그리 간단하지 않다. 각자가 처한 상황 내에서의 자기 결정에 대의적 기준이란 게 있을 수는 없다. 반드시 국민당을 선택하거나, 공산당을 선택해야 하는 이분법적 논리로 개인의 인생을 재단할 수 없는 것처럼 말이다. 국민당일 수도 공산당일 수도 없었던, 그런 거대 담론의 이념이 아니더라도 '인간의 조건'을 보장받고 싶었던 이들의 삶은, 이념이니 뭐니 보다 그저 조금 더 행복한 삶을 추구하고 싶었을 뿐이다. 과연 어떤 명분으로 이들을 비난할 수 있는가의 문제는, 사형 직전에 기요가 만났던, 기요를 글줄 꽤나 읽은 정치범이라 조롱했던 일반 수감자들이 대변하는지 모르겠다. 어쩌면 이 소설이 감추고 있는 반전은, 테러리스트들보단 그 일반 수감자들이 실질적인 주인공일지도 모른다는 사실이다.

격변기의 상하이라는 도시에 모든 '부동(浮動)'하는 인간들이 모여들었다. 그들은 어느 한곳에 매여 있으면서도 제대로 정착하지 못하는 군상들이다. 그저 각자의 욕망을 위해서 몰려들었다. 타협에 타협을 거듭하는, 보신의 처신은 부당한가? 세상을 바꾸기 위한 혁명은 늘 옳고, 그 어떤 혁명가도 존경과 찬사를 받아야만 하는가? 소시민적 사고와 행동은 늘 비판받아 마땅한 일인가? 앙드레 말로는 그런 '인간의 조건'에까지 아울러 질문을 던지고 있다.

『카타리나 블룸의 잃어버린 명예』
하인리히 뵐
범죄자를 사랑한 죄

'폭력은 어떻게 발생하고 어떤 결과를 가져올 수 있는가' 라는 부제가 붙었다. 1972년 노벨 문학상을 받은 저자는 '독일의 죄의식'을 작품화한 작가이며, 이 작품은 언론의 잔인한 폭력을 다룬다. 지금의 표현으로는 '기레기'의 본질을 보여 주는 셈. 한 사람을 집요하게 추적하는 행태는 예나 지금이나 비슷한 모양이다. 자신들의 마음에 들지 않는 사람들에 대해서는 수단과 방법을 가리지 않고 원하는 대로의 결과가 나올 때까지 조작한다. 그들에게 진실이란 별개의 문제이고, 더럽혀지더라도 개의치 않는다.

카타리나 블룸은 학교를 졸업한 후 쿠이르 생활과학아카데미를 거쳐 가정부 생활을 한다. 오빠인 쿠르트 블룸을 통해 방직공인 빌헬름 브레틀로와 결혼하지만 반 년 만에 이혼했다. 이제 막 사회라는 곳에 발을 디딘 한 여성은 언론에 의해 무참히도 짓밟힌다. 그녀의 아무리 건전한 그 어떤 것도, 경멸을 덧댄 타락으로 변질되어 신문에 실린다.

27살의 카타리나 블룸은 1974년 2월 24일, 일요일 정오, 권총으로 베르너 퇴트게스 기자를 살해한다. '차이퉁' 일간지에는 이 살인 사건이 대서특필된다. 사건의 전으로 돌아가 보자. 카타리나는 볼터스하임 부인 집의 파티에서 루트비히 괴텐을 처음 만났다. 그녀는 자신의 아파트로 장소를 옮겨 그와 사랑을 나눈다. 다음 날 아침, 검사와 경찰이 들이닥쳤지만, 괴텐은 없다. 대신 블룸이 연행된다. 괴텐은 은행 강도이며 살인범이라고 한다.

그녀에 대한 악의적인 기사의 자극적인 헤드라인, '살인범 약혼녀 여전히 완강! 괴텐의 소재에 대해 언급 회피! 경찰 초비상!' 투병 중인 그녀의 어머니에 대해서는, 전 남편과의 과거사도 상세히 보도된다. 더불어 과격성, 교회에 대한 반감, 사회주의 성향을 강조하는, 본질과는 상관없는 내용까지….

블로르나의 친구이며 사업가이자 유력한 정치인인 슈트

로입레더라는 인물은 평소 블룸에게 과한 애정을 표하는 한편, 비싼 반지를 선물하고 편지도 보내며 그녀의 아파트까지 찾아가 별장 열쇠까지 건네는 등의 구애를 하지만 블룸은 관심조차 보이지 않았다. 암 수술 후 안정을 취해야 하는 블룸의 엄마를 찾아간 퇴트게스 기자는 의사의 만류에도 불구하고 기어이 잠입하여 인터뷰를 강행한다. 결국 그 여파로 블룸의 어머니는 사망한다.

파티에서 만난 블룸과 괴텐은 서로에게 반해 사랑을 한 것뿐이다. 블룸은 자신에게 탈영병이라 말한 괴텐에게 슈트로입레더의 별장 열쇠를 건네며, 경찰의 감시망을 피해 아파트를 빠져나갈 수 있는 안전한 도주로까지 알려 준다. 블룸이 근무한 블로르나 부부 댁의 트루데 블로르나 부인은 블룸이 사는 아파트를 지을 때 설계에 참여한 적이 있다. 아파트 전체의 난방이나 환기, 상하수도 시설 설계도를 침실에 걸어 두었는데, 블룸이 관심을 갖고 살펴본 적이 있었다.

별장을 습격한 경찰에 의해 괴텐은 잡히고 가벼운 총상까지 입는다. 다음 날, 차이퉁지의 자매지인 주간지 '존탁스차이퉁' 1면에는 '사업가의 별장에 숨었던 카타리나 블룸의 다정한 연인'이라는 헤드라인과 함께 7, 8쪽에 걸친 방대한 기사가 실린다.

블룸과 그녀의 아버지, 어머니 사진까지 함께 실려 있지만, 소설이나 드라마 같은 허구적 내용이다. 블룸의 어머니는 그녀의 행실에 대한 충격으로 사망했으며, 어머니가 죽어 가는 와중에도 그의 딸은 강도 살인자와 춤을 추고 즐긴 것은 물론, 좌파의 지령으로 슈트로입레더에게 접근하여 별장 열쇠도 훔치는 등의 만행을 저질렀단다. 살인자를 도주하게 하는 데에는, '빨갱이'인 투르데 블로르나 부인의 도움이 있었다고 덧붙인다.

　퇴트게스 기자는 블룸에게 인터뷰 요청을 한다. 그녀의 아파트를 찾아간 기자는 현관 입구를 지나자마자 블룸에게 "섹스나 한탕하자"라는 모멸적인 추파를 던진다. 블룸이 블로르나의 친구인 콘라트 바이터스에게서 받은 권총의 불이 뿜은 건 바로 그다음 순간이었다. 그리고 블룸은 곧바로 자수를 하러 간다. 변호사이기도 했던 블로르나는 블룸에게 살해 의도가 없었음을 증명하려고 노력한다. 블룸에게 그토록 치근덕거리며 그녀를 괴롭힌 친구 슈트로입레더의 뻔뻔함에, 그의 면상을 갈겨 버린다.

　가정부에게 실추될 명예가 있기나 했는가를 묻는, 사회적 약자에 대한 위계 의식을 꼬집는 소설이기도 하다. 경계

없는 사랑을 한, 그것이 그녀의 죄였던 것일까? 블룸은 한 남자를 사랑했다. 하필 그가 탈영병이었을 뿐이다. 물론 남자의 거짓말이었지만….

범죄자를 사랑한 일 자체를 부도덕으로 몰아간 끝에, 그녀가 어떤 남자에게도 쉽게 열릴 것이라는 가벼움으로 치부했던 걸까? 거절당한 기자가 살아서 돌아갔다면 어떤 일이 벌어졌을까? 소설의 분위기대로 가정을 해보자면, 직접 만나 보니 음탕한 기운이 있었노라며, 기사를 자신에게 유리하게 내달라는 듯 유혹의 눈빛을 보였다는, 보복성 기사를 쓰진 않았을까?

그녀는 그냥 사랑을 한 것뿐이니, 스스로에게 당당하다. 그녀를 절벽으로 몰고 간 언론의 표집이 그녀에게 성적 충동을 느꼈다는 건, 언론의 성격을 말하고 있는 게 아닐까? 그녀의 불행을 하나의 성상품으로 다루고 있었던 것인지도…. 여인은 닥쳐올 파멸을 알고서도 방아쇠를 당겼다. 어쩌면 이미 파멸의 결론이 불을 보듯 뻔했었으니, 주저할 이유도 없었다.

범죄자를 사랑하는 여인들은 있다고 저자는 말한다. 소설은 현실을 반영하는 텍스트라는 점도 강조한다. 진실을 왜곡하면서까지 비열하고 악랄하게 공격하는 언론의 민낯을 잘 보여 주는 이야기. 1971년 12월 23일, 은행 강도 사건으로 한 시민이 사망하였는데, '빌트'지는 증거도 없이 당시 과격파였던 바더 마인호프 그룹(좌익 테러리스트) 소행으로 보도한 것을 모티프로 한 소설이라고 한다.

권력과 유착된 언론이 한번 꼬투리를 잡고 물고 늘어지면 어떤 생명은 목숨이 끊어지고, 어떤 사건은 아무런 문학성도 없는 소설로 둔갑한다. 오죽하면 '기레기'라는 표현이, 사회의 보루가 되어야 할 언론인에게 붙었겠는가. 영혼은 쓰레기통에 쑤셔 놓은 채 자신들의 이익 추구나 권력 행사를 위해 밤낮없이 대상물의 빈틈을 찾아 공격하는 언론, 사회적 약자를 위한 보호는커녕 기득권만을 위해 모든 역량을 발휘하는 언론, 진실 너머에서 '아니면 말고' 식의 그 어떤 한 줌의 반성도 없는 언론, 그런 언론과 우리는 더불어 살고 있다.

4. 잃어버린 시간을 찾아서

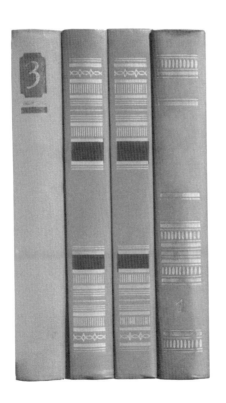

『밤으로의 긴 여로』

유진 오닐

어떤 하루

작가가 파킨슨병 — 그의 병명에 대한 의견은 분분하다 — 을 진단받은 50대에 집필한 작품으로 생의 마지막에 남긴 희곡이다. 문제가 가득한 한 가정의 지옥 같은 하루가 너무도 사실적으로 드러나 있다. 형식은 희곡이지만, 세세한 지문과 현실적인 대사들 덕분에, 한편의 소설을 읽는 느낌이 들기도 한다. 무거운 분위기가 너무 밀도 높게 와닿기 때문에, 독자 개개인의 성향에 따라 정서적인 타격이 꽤 있을 수도 있겠다.

작품 자체의 짜임새도 훌륭하지만, 작가의 자서전과 다를 바 없는, 아픈 가정사를 거의 그대로 재현하다시피 담아낸 묘사가 가득하다. 작가는 이 작품을 '자신의 사후 25년간 출판하지 말아 달라'고 했다. 작가는 이 작품을 결코 무대에 올릴 생각이 없었다고 하는 의견이 있는데, 오히려 그냥 역사 속에 그냥 묻어 둬도 좋겠다고 생각했던 것일지도 모르겠다. 그는 위대한 작가로서의 자신의 운명을 예감하지 못한 듯하다. 작가가 사망한 3년 뒤 1956년에야 스톡홀름 왕립극장에서 초연을 했고 이 작품으로 네 번째 퓰리처상을 수상한다.

작가의 말년에 마비가 된 손으로 힘겹게 쓴 이 마지막 작품은 그의 인생을 언제나 무겁게 짓누르고 있던 개인의 슬픔과 고통에 대한 이야기이다. 아내 칼로타에 따르면 이 작품을 쓰는 동안에는 매번 수척해진 모습으로, 때로는 (울음으로) 붉어진 눈으로 작업실에서 나오곤 했다고 한다. 큰 아픔으로 남아 있는, 서로가 서로에게 생채기를 내던 가족의 모습을 떠올리고, 그 상처를 헤집어 들여다보며 재편집해 기록으로 남기는 과정은 상상하기 힘든 고통스러운 시간이었을 것이다. 칼로타에게 남긴 헌사에 '눈물로, 피로 쓴 이야기'라고 표현하기도 했다.

우리는 가장 가까운 사람들에게 가장 큰 상처를 받곤 한다. 도저히 견디기 힘들었을 것 같은 세월, 어쩌면 기억조차 하고 싶지 않았을 상처를 꺼내어 글로 써낸 용기, 그 상처를 품고 보듬는 용서. 읽는 내내 슬프고 우울하며 답답하지만, 책의 마지막 장을 덮고 나면 저자에게 경의를 표하고 싶어지는 위대한 작품이다.

상처의 기억

이 작품은 가족들의 길고도 긴 하루 속에 각자의 마음을 들여다보고 나름의 속사정과 슬픔을 헤아린다. 순회공연을 다니는 배우 아버지를 따라 온 가족이, 작은 호텔 방을 전전하며 살았고, 어머니는 그런 환경 속에서 아들 둘을 키웠다. 그리고 오닐은 모르핀 중독이 된 어머니와 일상을 보내야 했다.

가족에게 정착하는 삶을 제공해 주지 못한 구두쇠 아버지 티론, 이렇다 할 직업을 얻지 못한 채 아버지의 일을 도우며 지내는 첫째 아들 제이미, 남편에 대한 사랑으로 떠돌이 생활을 함께하다가 마음 붙일 곳이 없어 결국 약물 중독에 이른 어머니 메리, 그리고 아마도 작가 자신을 투영하는 캐릭터인 듯한 막내 에드몬드. 네 가족의 아침부터 저녁까지의 하루를 그려낸다.

평화로워 보이는 아침은 한동안 약물 중독에 시달렸던 어머니의 동태를 살피는 일로 시작된다. 괜찮아 보이던 어머니는 결국 다시 약에 손을 대게 되고, 자신의 하소연을 풀어놓는다. 가족들은 그런 어머니를 보며 속상해하면서, 동시에 살얼음 위를 걷듯 불안해하는 것이 일상이다. 너 나 할 것 없는 상대방에 대한 원망과 자기 하소연이 이어지지만, 결국 긴 대화 끝에 막내 에드몬드는 아버지와 다른 가족에 대한 이해와 용서를 보여 준다.

메리를 통해, 항상 어딘가 먼 곳을 바라보는 모습으로, 끊임없이 과거를 되뇌이며 아버지를 비난하고 자신의 사랑을 끝없이 잇대었을 오늘의 어머니를 상상해 볼 수 있다. 그로 인해 오늘의 하루하루가 긴장과 불안감의 연속이었다는 사실을 짐작해 볼 수 있다. 약에 취한 어머니가 무의미하게 내뱉는 말들에 상처를 받기도 했을 테고….

오닐이 태어나면서 겪은 산후통을 치료하려다 엄마가 모르핀에 중독되었다는 사실도, 극 중 아예 태어나지 않는 게 좋을 뻔했다는 대사도, 언제고 오닐이 들었던 상처의 기억이 아닐까? 나쁜 말은 언제나 좋은 말보다 생명력이 길다. 머리로는 결코 진실이 아닌 걸 알면서도, 진실 여부에 상관없이 비수가 되어 영원히 마음속에 남는다.

어느 순간 어머니의 모르핀 중독이 불안정한 떠돌이 삶의 형태와 긴밀한 관계가 있다는 것을 깨닫게 되고, 아버지의 무지하면서도 수전노 같은 모습에 진절머리가 나기도 했을 터. 그러나 또한 어머니에게 속 깊은 대화를 요청해 봤자, 극 중 메리처럼 단박에 피해자의 입장으로 돌아서 가족들에게 죄책감을 전가하는 말들을 되돌려 받았을지도….

이 책에 묘사된 길고 긴 하루는, 끝내 평안한 잠을 청하는 밤에 이르지 못한 채 '밤으로의 긴 여로' 중간에서 끝난다. 오닐의 청소년기까지 계속 되어 온 일상이 이런 모습이었을 거라는 생각을 해보면, 그가 한때 알코올 중독에 빠졌던 것보다 어느 순간 정신을 차리고 작가가 된 사실이 더 놀랍게 느껴질 정도다. 힘든 삶을 살고 있는 우울하고 슬픈 이들의 고뇌를 글로 표현하는 것이 스스로에게 해방구이자 위로의 수단이었기를 바라 본다.

전 안갯속에 있고 싶었어요. 정원을 반만 내려가도 이 집은 보이지 않죠. 여기에 집이 있는지조차 모르게 되는 거죠. 이 동네 다른 집들도요. 지척을 구분할 수가 없었어요. 아무도 만나지 않았죠. 모든 게 비현실적으로 보이고 들렸어요. 그대로인 건 아무것도 없었어요. 바로 제가 원하던 거였죠. 진실은 진실이 아니고 인생은 스스로에게서 숨을 수 있는, 그런 다른 세상에 저 홀로 있는 거요. (…) 안개와 바다가 마치 하나인 것 같았죠. 그래서 바다 밑을 걷고 있는 기분이었어요. 오래전에 익사한 것처럼. 전 안개의 일부가 된 유령이고 안개는 바다의 유령인 것처럼. 유령 속의 유령이 되어 있으니 끝내주게 마음이 편안하더라고요.

같은 언어의 대화

사창가를 들락거리고 술에 빠져 사는 형 제이미조차도 문학을 가까이하며 동생 에드몬드에게 시인들에 관해 이야기한다. 아버지 티론은 아이들의 문학 취향을 이해하지 못하며 비난하지만, 그럼에도 불구하고 시궁창 같은 현실 속에서 셰익스피어를 떠올린다. 이렇게 그들은 문학으로 소통하며 싸울 수 있는 같은 언어를 공유하는 사이였다.

실제로 유진 오닐이 극작가가 되기로 결심한 뒤 쓴 글들을 아버지에게 보여 주며 평가와 조언을 얻기도 했었고, 아버지 주변의 극비평가들의 조언으로 하버드에서 강좌를 듣게 되기도 했다. 그가 방황을 끝내고 자신의 일을 찾아내자 그때부터는 아버지와 취향이 맞든 안 맞든 같은 업계에 몸담으며 좀 더 정서적으로 공감대를 많이 형성할 수 있었을 것이다. 그토록 불행한 모습 속에서도 정서적인 교감이 가능했던 그나마의 행운, 어쩌면 그 행운으로 인해 결국 서로 간의 사랑을 확신할 수 있던 것 아닐까?

같은 언어를 사용한다는 건, 긴 설명 없이도 이해하고 이해받는다는 느낌과 동시에, 저 사람의 깊은 속을 들여다볼 수 있고 나 또한 드러내지 않은 속을 이미 다 들킨다는 불편함을 안겨 주기도 한다.

내 영혼을 투명하게 들여다보는 사람에게 내가 평화롭지 못할 때 내 속을 가차 없이 들키는 것은 상당히 불편하다. 그리고 만약 둘 사이의 관계가 온전치 못할 때는 배로 더 고통스러울 수 있다. 에드몬드와 어머니 메리는 같은 언어를 사용하면서 성향까지 닮아 서로의 내면을 투명하게 바라볼 수 있었다. 아들의 불행을 아는 어머니에게는 슬픈 나날이었고, 현실을 더 이상 제정신으로 버텨 낼 수 없어 약을 끊지 못하는 어머니의 괴로움을 아는 아들 역시 힘들어했다.

이 책에서 창작이 많은 지분을 차지하고 있는 부분은 아마도 아버지와 마주 앉아 속 깊은 대화를 나누는 4막의 장면들이 아닐까 싶다. 노년에 이른 작가가 이제서야 아버지에 대한 마음을 이해해 보기 위해, 장시간에 걸친 화해의 대화를 넣은 게 아닐까 하고 짐작해 본다. 아버지에 대한 원망과 하소연. 그리고 아버지가 그렇게 말해주길 바라었을, 아들의 입장에서 상상해 봤을 법한, 정제된 문장으로 꺼내는 서로의 속내와 후회들.

가족으로 얽힌 현실은 내 의지의 결과도 아니었고, 미움 속에서도 스스로 깨닫지 못하는 사랑이 숨어 있다. 그 애증은 혼란스러운 감정이기도 하다. 기대와 바람이 크기 때문에 서운함과 실망도 크고 그런 감정들이 증오로 변해 가기도 하며, 때로는 가족에게서 정서적으로 벗어나려 안간힘을 쓰기도 한다. 미워하는 마음조차, 가족으로 얽혀 있다는 반증이기에….

인생의 초반에 겪은, 지울 수 없는 상처. 과연 유진 오닐처럼 용감하게 모든 것을 끌어안을 수 있는 사람이 얼마나 될까. 이 희곡은 작가 자신을 위한 글이었겠지만, 가정 안에서의 평화를 누리지 못하는 운명들에게 위로를 선사하는 작품이 되었다.

『방드르디, 태평양의 끝』
미셸 투르니에
자연으로 돌아가라!

에로스의 종말

방드르디(vendredi)는 내가 착각하는 것이 아니라면, 비너스의 날이다. 덧붙여 말해 두거니와, 기독교인들에게는 그리스도가 죽은 날이다. 물론 우연이겠지만 그 가지의 결합 속에서 나는 나를 초월하는, 그리고 나를 섬뜩하게 하는 어떤 것, 옛날에 내가 독실한 청교도였을 적에 가졌던 것으로부터 내 속에 남아 있는 그 무엇을 예감하지 않을 수 없었다.

프랑스어로 방드르디는 금요일을 의미한다. 『로빈슨 크루소』를 재해석한 소설이기도 하지만, 굳이 '프라이데이'를 방드르디로 받은 이유는, 미셸 투르니에의 모국어 작업이기 이전에, 사유의 기반인 프랑스 철학의 투영이기도 할 게다.

『방드르디, 태평양의 끝』에서의 로빈슨 크루소는 당대 영국의 제국주의 근성에 사로잡혀 있는 표상이다. 자신이 갇혀 있는 무인도를 영국의 식민지로 간주하고, 스스로를 총독에 임명하며, 무인도의 생태를 문명의 방식으로 재구조화한다. 굳이 이 무인도에서 말이다. 방드르디는 식민지 원주민의 입장으로, 문명의 입장에서는 교화의 대상이다. 단두 명의 사람이 사는 무인도에서, 각각 주인과 노예의 역할로서 살아가고 있지만, 주인의 핍박에 시달린 노예가 도망치면, 주인은 다시 무인도의 외로움과 마주해야 할 처지다. 헤겔의 주인과 노예의 변증법, 『어린 왕자』에서 어느 별에 홀로 살고 있던 왕이 스치기도…. 투르니에 역시 굳이 무인도에서 문명의 메커니즘에 집착하는 로빈슨을 다소 우스꽝스럽게 그려 낸다. 그러나 소설 내에서 그의 입장으로 대변하자면, 단절과 고립의 와중에 미치지 않기 위한 처절한 노력이었다.

방드르디와의 만남은 오발탄의 우연 때문이었다. 그 무인도는 칠레의 인디언족이 제식을 지내는 곳이었다. 그날 제물로 바쳐질 운명이었던 방드르디는 도망을 치다가, 하필 먼발치서 그 장면을 훔쳐보고 있던 로빈슨 쪽으로 달려오고 있었다. 여차하면 그들에게 발각되어 자신까지 제물이 되진 않을까하는 걱정으로, 자신에게로 달려오는 방드르디를 조준한다. 로빈슨에게는 난파선에서 가져온 총기와 화약이 있었고, 인디언들의 제물을 대신 잡아 주는 것으로 그들이 지닌 원시신앙 안에서의 어떤 요행적 해석을 바랬던 것.

그러나 총알은 방드르디를 비껴가 뒤쫓아 오던 한 인디언에게 꽂혔고, 나머지 인디언들은 놀라 바다 너머로 줄행랑을 친다. 뜻하지 않게 생명의 은인으로서 방드르디의 주인이 되었지만, 실상 인종 차별에 대한 뿌리 깊은 편견을 지니고 있던 로빈슨의 입장에서는 그 사건과 별개로 주종의 관계는 너무도 당연한 처사였다. 더군다나 방드르디는 순수한 인디언 종족도 아닌, 흑인 혼혈이었다. 당시 백인 문화에서는 가장 저열한 인종으로 취급되던, 그도 순혈이 아닌 잡종이다. 따라서 방드르디가 인디언들의 제물로 바쳐지는 일도 당연하다 생각하고 있던 터였다.

자연을 인위적으로 경영하는 문명의 입장에서는, 자연의 일부로서 살아가는 원시 종족과의 동거 자체가 늘상 마찰을 빚을 수밖에 없는 상수였다. 그러나 점점 교화가 되어 가는 쪽은 정작 주인인 로빈슨이었다. 난파로 인해 처음 야생의 품에 안겼을 당시, 자연친화적인 일상에서 야릇한 에로스적 충동을 느낀다. 서구 사회의 기독교적 질서에 성실하고자 했던 로빈스은 그것을 타락으로 규정, 다시 문명의 규칙들로 무인도에서의 일상을 재편한다. 자신에게 체화되어 있는 문명의 규칙이란 결국 한창 자연을 정복해 나가는 일에 몰입하던 서구 사회의 기치다.

방드르디와의 삶 속에서 로빈슨은 자신이 견지하고 있는 문명의 질서가 도리어 자연의 질서를 훼손하고 있는 것이 아닐까 하는 회의를 느끼면서, 맨 처음 무인도에 조난되었을 시 경험했던 몰아적, 물아일체적 엑스터시를 자주 환기한다. 그리고 그것이 결코 타락과 퇴보가 아니며, 자연에 순응하는 진보의 방식이, 문명이 강권하는 진보의 방식과 상충하는 것뿐이라는 사실을 깨닫는다. 한때 철학도로서의 미래를 꿈꿨던 투르니에였던 터라, 그 자연적 진보를 설명함에 있어 철학의 내공을 유감없이 발휘하는 페이지가 적지 않은 편이다. 그리고 그 중심에 '에로스'라는 키워드가 있다.

로빈슨은 배가 난파되기 직전에 타로점을 보게 되는데,

그가 뽑은 카드는 '금성'이었다. 즉 비너스, 그리스 신화에서는 에로스의 어머니 혹은 주인으로 묘사되는 아프로디테다. 정신분석에서는 '에로스'를 인류가 문명 이전에 지녔던 원형질의 충동으로 설명한다. 사회를 이루고 사는 인간이다 보니 그 원형의 충동을 다 실현하고는 살 수는 없는 법, 이것을 문명의 문법으로 제제하는 갈등의 지점이 '오이디푸스 콤플렉스'다.

억압을 받는 본능적 충동은 사라지는 것이 아니라 다른 방식으로 승화가 되거나 투영이 된다. 그렇게 교화된 충동을 문명의 문법에 가탁한다. 그러나 현대철학과 정신분석은, 문명의 가시적인 범주에만 휘둘릴 것이 아니라, 차라리 문명의 빛이 닿지 않는 어두운 지점을 돌아보라고 권고한다. 문명의 도구인 언어가 닿지 않는 곳, 그곳에 일렁이고 있는 태초의 충동들, 우리의 기원으로서의 자연성을…. 물론 문명을 살면서 문명 바깥의 감각을 계발한다는 건 결코 쉽지 않은 일일 터, 어쩌면 절대 가능하지 않을지도 모르겠다. 차라리 문명으로부터 고립된 상황으로부터 그런 감각적 성찰도 가능하다. 이 상황에선 생존과 직결되어 있는 문제니까.

투르니에의 로빈슨 크루소에게서 그 상징적 행위는, 문

명의 시간으로 흐르고 있던 물시계를 멈추는 것이었다. 그로 인해 매일같이 기획적으로 그리고 계획적으로 반복되던 문명의 날들은, 제각각 하루의 가치를 회복한다. 추수의 시점을 향해 가는 농경의 날들이 아니고, 보다 쉽게 젖과 고기를 얻기 위한 목축의 과정이 아니고, 미래를 위한 1일이 아니라, 그저 현재로서의 하루하루다. 문명의 빛으로부터 어둠의 자연성으로 관심을 돌린 이후, 도리어 세상에 와닿은 빛을 보다 섬세한 감각으로 만끽할 수 있었다.

무인도에 조난을 당한 지 28년 2개월이 흐른 어느 날, 길을 잘못 든 영국 범선 한 대가 해안가에 정박한다. 그는 선원들을 통해 28년이 지났다는 사실을 알게 된다. 문명의 시간을 잊고 지냈던 로빈슨 크루소는, 그전까지는 자각하지 못했던, 자신이 어느덧 노인이 되어 있다는 사실을 갑작스럽게 깨닫는다. 문명의 시간으로 확인하기 전까지는 자신의 노화를 알지 못했다. 그러나 이미 문명의 시간으로 확인한 이상, 전과 같은 청춘으로서의 삶이 불가능했다.

이미 28년이 지난 시점에서 다시 문명에 적응할 수가 있을지가 걱정이기도 했지만, 이젠 문명의 타자들이 지닌 문명의 욕망부터 눈에 들어온다. 다시 문명으로 나아가고 싶지 않았던 로빈슨은 그냥 섬에 남기로 한다. 이 소설이 지닌 반전은 방드르디다. 문명의 흔적을 지닌 로빈슨과 오랜 세월을 함께한 탓일까? 방드르디는 범선에 매료가 되어, 로빈슨 몰래 배에 오른다. 제국주의자들에게 자신과 같은 종족은 노예로서의 상품이라는 사실을 모르고서…. 로빈슨은 방드르디에게 그 이야기를 해주려던 참이었다. 언제나 로빈슨의 숙고보다는 반 박자 빨랐던 방드르디의 충동적 행위는 이번에도 예외가 아니었다.

다시 혼자가 된 로빈슨은 죽음의 충동에 휩싸인다. 이젠 무기물로서 섬의 일부가 되는 것으로, 고독과 관계의 경계에서 자유로워지고자 한다. 그때 그의 앞에 나타난 한 소년은, 그 영국 범선에서 마주친, 다른 선원들에게 멸시를 받던 하급 선원이었다. 소년은 자신에게 따뜻한 시선을 보내 준 로빈슨을 따라 무인도에 남기로 한 것. 로빈슨은 소년을 '죄디(jeudi)'라고 부른다. 즉 소년과 만난 목요일이다.

문명으로서의 기록

어려서부터 철학과 교수를 꿈꿨던 투르니에는, 대학교수 자격시험에 낙방한 것이 가장 직접적인 원인이겠지만, 들뢰즈와 자신을 비교하면서 자신의 길이 철학이 아니라는 사실을 진즉에 알고 있었다. 훗날 철학사의 마지막 페이지를 장식하게 되는 들뢰즈였다는 점에서, 스스로의 철학에 겸손하기에는 하필 비교 잣대가 너무 고퀄이었던 경우.

문학에서 자신의 진로를 다시 모색한 투르니에는, 이런저런 이력을 거쳐 44살의 늦은 나이에 등단을 한다. 그리고 프랑스 철학계에서 들뢰즈가 점하는 포지션에 못지 않은, 프랑스를 대변하는 소설가가 된다. 들뢰즈는 로빈슨 크루소의 일화로 '타자(他者)'를 설명하는 논문을 쓰기도 했다. 「미셸 투르니에와 타자가 부재하는 세계」에서 들뢰즈가 다루는 로빈슨 크루소는 투르니에의 소설 속에 등장하는 인물이다. 철학자와 소설가가 서로의 영역을 서포트할 수 있다는 사실이 멋지면서도, 그것이 가능할 정도로 각자의 영역에서 일가를 이룬 친구였다는 사실이 멋지기도 하다.

첫 작품인 『방드르디, 태평양의 끝』은 다니엘 디포의 『로빈슨 크루소』를 재해석한 경우다. 제목으로 택한 '방드르디'는, 우리에게는 '프라이데이'로 잘 알려진 인물. 왜 방드르디가 중요한가 하면, 트루니에는 『로빈슨 크루소』가 담지하고 있는 백인과 기독교 그리고 서구 문명의 우월주의를 해체하고자 한 의도였기에…

다시 말해 서구의 문명을 대변하는 로빈슨 크루소가 프라이데이를 계몽하는 것이 아닌, 문명 이전을 살아가는 프라이데이를 통해 서구의 문명을 해체하고자 했던 의도. 철학을 베이스로 하는 소설가이다 보니, 레비스트로스의 인류학에서 영감을 얻은 경우라고 한다.

그는 이 섬에 장기간 머무를 리 없다고 애써 믿으려 할 뿐만이 아니라, 어떤 미신적인 두려움으로 인하여, 이 섬 안에서 생활을 설계하기 위하여 무슨 일이든 하게 되면 그것은 곧 빠른 시간 안에 구조될 수 있는 기회를 포기하는 일이라고만 여겼다.

로빈슨을 태우고 오다 침몰한 '버지니아 호'도 그 섬의 해변가로 떠내려와 있었다. 그는 배 안에 있는 물건들을 뭍으로 내려야 하는 것인지를 고민한다. 처음엔 자신이 무인도에서 그토록 오래도록 살아갈 것이라고는 예상하진 못했다.

어떡해서든 그곳에서 탈출할 생각으로 하루하루를 소진하다, 결국 자신을 집어삼킨 절망에 허덕이는 와중에 점차 무인도의 메커니즘에 부합하는 개체로 변해 간다. 즉 '타인'

과 '관계'가 부재한 상황에서, 시간이 지날수록, 태초의 동물성으로 돌아간다. 무인도에 홀로 남겨진 문명의 흔적으로부터, 굳이 그것들을 '야생'이라고 부르며 변별할 이유가 없다. 이제 로빈슨은 그저 무인도의 일부이다. 자신이 떠나온 세계가, 정말로 자신이 그 세계에서 살았던 시절이 있었나 싶을 정도로, 꿈처럼 느껴진다.

그가 배 안의 물건들을 내리는 일을 망설였던 또 다른 이유는, 무게가 가벼워진 배가 바다로 떠내려갈 것이 두려웠기 때문이다. 이 섬에 남아 있는 유일한 문명의 흔적이, 자신이 문명으로부터 떠내려온 인간이라는 사실을 환기시켜주는 풍경이 그 난파선이기도 했다.

로빈슨 크루소가 동물성에서 벗어나기 시작한 계기는, 배 안에서 가져온 성경에 적혀 있던 희망의 글귀들로 인해서이다. 지독한 절망의 상황에서만큼 그 피상적인 진리의 말씀들이 눈에 들어오는 때도 없으니까. 이래 죽나 저래 죽나 어차피 죽을 상황이기에, 그동안에는 피상적이라 치부했던 삶의 규칙대로 살아 보는 것 이외에는 딱히 다른 방법도 없다. 무인도를 '탄식의 섬'이라고 불렀던 로빈슨 크루소는 다시 그 섬에 '스페란차'라는 이름을 붙인다. 이탈리아어로 희망이란 뜻이다. 그리고 그가 대학교 시절에 사랑했던 이탈리아 여자와의 추억에서 비롯된 이름이기도 하다.

　로빈슨은 일지에 자신의 하루하루를 기록하기 시작하면서부터 문명의 규칙들을 회복한다. 아무도 살지 않는 무인도, 그 무인도에서 스러져 가는 배, 그리고 성경. 그는 이 모든 상황을 '노아의 방주'에 비유한다. 투르니에의 재치라고나 할까? 그는 로빈슨 크루소가 자신이 기억하고 있는 문명의 방식대로 무인도에서 적응해 나가는 과정을 인류사에 비유하기도 한다. 태초의 동물성에서 점차 동물과는 변별되는 인간으로, 사냥에서 목축으로, 목축에서 농경으로…. 특히나 자신에게서 회복되는 인간성의 상징적 장면이 일지를 쓰는 일 자체이기도 했다. 글을 쓰기 시작하면서, 선사와 역사가 구분되고 있었다.

『슬픔이여 안녕』

프랑수아즈 사강

그 여름 안에서

잊혀진 사람, 사랑

아버지 레이몽은 마흔 살의 홀아비다. 아직은 젊은 나이, 또한 여느 남성들보다는 여전히 매력적이었던 호색한은, 아내와의 사별 후 15년째 자유연애를 즐기고 있다. 2년 전부터 학교 기숙사를 떠나 아버지와 함께 살고 있는 세실은, 아버지의 취향을 존중하며 자신도 그런 자유로운 삶의 가치를 추구하는 17세의 소녀다.

아버지는 요즘 엘자라는 화류계 여성과 놀아나고 있다. 스토리의 단초는 여름 방학 기간 중 레이몽과 엘자와 함께 머문 남프랑스 해변의 어느 별장에서 일어난 일련의 사건들이다. 어느 날 그 별장으로 엄마의 친구인 안느가 찾아온다. 레이몽은 지금까지의 자유연애를 끝내고서 안느와의 안정된 결혼생활을 시작할 작정이었다.

일찍이 그녀의 지도편달을 받은 적이 있었던 세실은 안느의 이지적인 여성상을 동경해 왔다. 그러나 그도 엄마 친구일 때나 가능한 동경이다. 막상 새 엄마로 그런 성격을 받아들였다간, 앞으로의 삶이란 뻔한 것이다. 세실만큼이나 황당한 입장은 엘자였다. 함께 휴가를 즐기자고 해서 따라온 해변에서 별안간 잊혀진 여자가 될 상황이다.

세실은 그 해변에서 10살 연상의 청년 시릴과 알게 되고, 첫 연애를 시작한다. 이미 새엄마 모드로 돌입한 안느는 그 청년을 탐탁지 않아 한다. 차라리 아버지가 계속 자유연애를 하는 것이 자신이 안느에게 구속받지 않는 방법이라고 생각한 세실은 엉뚱한 계책을 떠올리기에 이른다. 그리고 이 계책이 먹힌다.

세실은 아버지가 다시 호색한의 시절로 돌아갈 수 있을 시나리오를 구상했고, 시릴과 엘자를 공모자로 불러들인다. 자신과 한창 연애를 즐기고 있던 시릴과 아버지에게 버림을 받은 엘자에게, 새로이 불붙은 연인 행세를 하게 함으로써, 안느를 향한 아버지의 마음을 뒤흔들겠다는 전략이었다. 거쳐 간 여자가 한둘이 아니었던 아버지에겐 엘자의 새로운 사랑이 불편한 대상은 아니었다. 자신이 그렇게 쉽게 잊혀진 남자라는 사실이 불편할 뿐이었다. 세실은 그런 아버지의 성향을 잘 알고 있었다.

세실과의 결혼까지 생각하고 있는 시릴도 이 연극이 불편하다. 그러나 자신을 탐탁지 않아 하는 안느가 있는 한 그것은 불가능한 일이라는 세실의 설득에 적극적으로 연극에 임한다. 아버지가 절실했던 엘자 역시 적극적이었고…. 그러나 가끔씩은 세실도 그들의 적극적인 연기가 연기라는 사실을 알면서도 불편하다. 자신과는 10살 차이가 나는 그들은 실상 잘 어울리는 같은 또래의 청춘이었으니….

떠나가지 않는 기억

어느 날 다시 엘자를 품에 안고 싶은 충동을 느낀 레이몽은, 안느가 그 근처를 지나고 있다는 사실도 모른 채 엘자와의 애정행각을 벌인다. 충격에 휩싸인 안느는 별장을 떠날 생각으로 자동차에 시동을 걸었고, 그 모습을 지켜본 세실은 그녀를 만류한다. 모든 일이 자신의 의도대로 되었지만,

세실은 이지적인 안느가 그렇게 무너져 버린 광경에 어떤 가책을 느낀다. 결국 안느의 차는 해변도로를 달리다 벼랑 밑으로 추락하고, 세실에겐 그 사고가 실상 '자살'이 아니었을까 하는 죄책감이 덧대어진다.

> 만일 우리들이 자살한다면 – 우리들에게 그런 용기가 있다고 치고 – 분명 총으로 머리를 쏘았을 것이다. 그리고 죽게 만든 책임자의 잠과 피를 영원히 혼란하게 만들 유서를 남겼으리라. 하지만 안느는 우리들에게 호사스러운 선물을 주었다. 즉 사고일지도 모른다고 생각케 만드는 기회를 우리들에게 남긴 것이다.

세실의 가책은 자신의 시나리오대로 공모한 시릴과 엘자에게 그 책임을 떠넘기고 싶기도 했다. 무엇보다 안느의 죽음은, 이젠 자신에게 시릴이 필요하지 않다는 사실을 깨닫게 해주었다. 실상 자신은 시릴을 사랑한 적이 없었다. 그저 그가 건넨 첫 경험의 쾌락을 즐겼던 것뿐이다.

> 이제 나는 그가 필요하지 않았다. 나는 이 별장에서, 이 청년으로부터, 이 여름으로부터 떠나가려 하고 있었다.

그러나 세실에게서 떠나가지 않은 것은 그 여름의 기억이다. 매년 여름이 다가올 때마다, 다시금 안느의 기억도…. 『슬픔이여 안녕』이란 제목에서의 '안녕'은 그런 맞이함의 의미다.

다시 여름이 다가온다. 그 추억과 더불어…. 안느, 안느! 나는 이 이름을 낮은 목소리로 오랫동안 어둠 속에서 되풀이한다. 그러자 무엇인가 내 마음속에 솟아나고, 나는 그것을 눈 감은 채 그 이름으로 맞이한다. 슬픔이여 안녕!

프랑수아즈 사강이 19살에 써 내린 첫 작품. 프랑스 문단에서도 논란이 많았던 작품이란다. 이것이 과연 19살의 나이로 쓸 수 있는 감성인가 싶어 대필의 의혹이 일기도 했고, 반면 작품의 주제와 인물의 설정이 미흡하다는 평이 있기도 했고…. 그런데 자신의 기획대로 흘러간다는 설정의, 조금은 단순한 서사는 얼핏 보아도 소녀 감성이다. 순수하지 못한 시선을 읽어 내리지 않는다면, 시릴과 엘자가 연극 도중에 눈이 맞아 정말로 사랑하게 되는 반전을 예상하기도 할테니까.

아버지에 대한 세실의 태도를 엘렉트라 콤플렉스로 설

명하는 역자도 있지만, 정신분석의 상담에서는 무엇을 말하는가보다 무엇을 말하지 않는가에 초점을 맞춘다. 세실이 말하지 않는 것, 어머니의 부재는 곧 존재의 강박이었는지도 모른다. 누군가를 떠나보낸 적이 있는 이들은 다 겪어본 기억일 터. 무엇으로도 대신 채워지지 않는 공백의 굳건함. 엘자는 그 빈 자리에 잠시 머물다 가는 환유적 대리물이었지만, 안느는 그 자리를 대신 채우러 온 여자였다. 그것을 허락할 수 없었던 것은 아닐까? 결국엔 죽은 엄마의 자리로 다가와, 그 언저리만을 맴돌다 떠난 안느의 기억으로부터 떠나지 못하는 세실. 이는 어머니의 사망 이후 반항기 가득한 소녀로 자라난 사강 자신의 페르소나를, 첫 작품의 주인공으로 등장시킨 것이었는지도….

『양철북』
귄터 그라스
동심의 알레고리

1999년 노벨재단은 문학상을 수여하는 이유로, '밝고도 어두운 우화로 역사의 잃어버린 한 측면을 그려 냈다'며 20세기 대표 작품으로 영원할 것이라는 찬사도 아끼지 않았다. 나치 시대에 소년병으로 살았던 저자는, '이야기하는 한 살아갈 수 있다'는 신념으로, 있는 그대로의 현실을 문학이라는 도구를 통해, 어두운 모든 곳을 들춰내어 인간의 심성과 심리 구조를 설명하고 있다. 가책 없는 역사의 수레바퀴에 현기증을 느끼는 오스카가 냉정하게 바라본 부조리한 세계는, 반파시즘의 기치를 내걸지 않고도 '저항'이 무엇인지를 분명히 말해 주고 있다.

"어느 시대 좁은 소시민 계급의 온갖 모순과 부조리, 그리고 더 나아가 그 시대의 초차원적 범죄까지 한 시대 전체를 문학적 형식으로 표현한 것이다."

"작가의 원료로 쓰이는 사실성은 분할되어선 안 되며, 그것을 전체로서 파악해 그늘진 부분도 간과하지 않는 사람만이 작가라 불릴 만하다."

1927년 독일 단치히에서 출생한 저자는 바이마르 시대와 나치 시대, 제2차 세계대전 전후 시대를 체험하며 1959년에 이 작품을 세상에 내놓았다. 동서 분열 이후의 서독은 아데나워 장기 집권 아래 기적적 경제 부흥을 맞는다. 국민들은 전쟁 기억에서 벗어나 소소한 행복으로 도망치려는 '유아성'을 보인다. 스스로 3살에서 성장을 멈춘 오스카는 그런 상징성이기도 하다.

1950년대의 독일 문학의 암흑기에는, 전쟁 후의 비참한 인간상 등에 대한 '레퀴엠(위령곡)'이 절대적으로 필요했던 모양이다. 인간의 가장 추하고 더러운 모습으로부터 얻을 수 있는 어떤 교육적 효과가 있었을까? 그러나 그런 시대를 경험하지 못한 자들에게는 다소 불쾌하고 괴기스러운 이야기가 참을 수 없는 모욕이고 왜곡된 환상일 수 있다. 아니면 겉으로는 화려해 보이는 현대인의 삶에도 이런 모습들이 존재하는 것인가?

멈춰진 시간

정신병원에 갇힌 오스카는 간호사가 사다 준 원고지에 글을 써 내리기 시작한다. 안나 브론스키와 민족운동가 요제프 콜야이체크가 만나 아그네스를 잉태한다. 아그네스는 외사촌 얀 브론스키와 사귀다가, 그가 입대한 뒤, 식료품 가게를 운영하는 마체라트와 결혼하여 오스카를 낳는다. 한편 브론스키와의 밀회도 지속한다. 아그네스는 항상 장난감 가게에 오스카를 맡기고서 불륜을 즐겼다. 아버지가 정확히 누군지 알 수 없었던 오스카는 언제나 의문을 품는다.

총명한 아기는 스스로 3살에 신체적 성장을 멈추고 양철북 연주자가 된다. 3살 생일날 지하실 층계에 떨어진 이유로 오스카의 성장이 멈췄다고 주위 사람들은 생각한다. 그러나 어른들의 세계를 혐오하며 성장을 거부하고자 했던 스스로의 의지였다. 반면 정신은 어른에 필적하는 지적 능력을 지니고 있다. 성의 기능 역시 보통 사람과 다르지 않다. 동심의 시선이라고 할 수는 없는, 변태적이기까지 한 성의 묘사는, 소년병으로나마 나치에 동조했던 저자 자신의 기괴하고도 대담한 자성(自省)이기도 하다.

엄마에게 선물 받은 양철북은, 당시 사회 흐름에 대한 순응을 거부하는 상징으로 사용된다. 오스카는 항상 양철북과 함께 하며, 어른들이 살아가는 세상에 대한 울분을 쏟아낸다. 북을 빼앗길 위험이 닥치면 소리를 질러 유리를 깨뜨리는 능력을 발휘한다. 마음만 먹으면 소리를 질러 먼 곳의 어떤 유리도 얼마든지 파괴할 수 있다. 이런 능력으로 동네 아이들의 우두머리가 되기도 하는데, 이는 나치 집권기에 맹목적으로 나치를 따랐던 소시민들을 풍자하는 설정이라고 한다.

다시 성장하다

친구 헤르베르트의 누이동생 마리아가 마체라트의 가게에 고용되어 오스카는 그녀와 첫 경험을 하게 된다. 자신이 마리아를 임신시켰다는 확신을 갖고 있는 오스카는, 어느 날 마리아와 마체라트의 정사를 목격하게 된다. 마체라트와 마리아가 결혼함으로 오스카의 증오가 커져 가고 있는 와중에 쿠르트가 태어난다. 오스카는 자기 아들이라 믿고 싶지만, 형제의 관계일 가능성도 있다. 쿠르트의 3살 생일날 오스카는 그에게도 양철북을 선물한다.

양철북을 팔던 장난감 가게 주인이 죽은 후 오스카는 헌 양철북을 모으는 습관이 생긴다. 양철북을 고치러 가다가 우체국의 교전에 휘말리게 된다. 이는 제2차 세계대전의 서막을 연 사건이기도 했다. 추정상 그의 아버지일 가능성이 있는 브론스키는 이 사건으로 인해 처형당한다. 오스카는 자신이 부추긴 것 같은 그의 죽음에 자책한다. 오스카는 브론스키에게 일부러 우체국에 가자고 했던 것.

독일은 1차 세계 대전 이후 '자유시'가 된 단치히의 반환을 빌미로 폴란드를 침공했고, 이는 제2차 세계 대전의 도화선이 되었다. 시의회가 독일과의 합병을 선언하고, 이를 기념하여 히틀러가 방문한다. 나치의 집권이 시작되었다. 시민들은 히틀러를 환영했고, 마체라트 역시 그런 시민들 중 한 명이었다. 오스카도 북을 치면서 그 대열에 합류한다.

같은 신체적 굴레를 지닌 베브라를 만나 스승으로 삼고, 2차 대전이 발발하자 베브라의 전선 위문 극단에 들어간 오스카는 독일군을 위한 순회공연을 다닌다. 베브라의 아내 로스비타와 오스카는 밀회를 나누고, 베브라는 그 사실을 알면서도 모른 척한다. 전장을 돌며 공연하던 중, 로스비타가 함포 사격에 의해 죽음을 맞는다.

전쟁의 심화로 온 거리가 불에 타고, 마체라트가 소련군의 총에 맞아 죽는다. 마체라트를 무덤에 묻을 때 오스카는 양철북도 함께 묻는다. 그리고 오스카의 키가 조금씩 자라기 시작한다.

오스카는 마리아와 쿠르트를 데리고 고향을 떠나 뒤셀도르프에 있는 마리아의 언니 구스테의 집으로 간다. 쿠르트는 어리지만 부싯돌 장사로 돈을 벌고, 오스카는 수습 묘석쟁이로 취직한다. 묘석일을 그만두고 미술대학의 누드 모델로 일하기도 한다. 세를 얻어 들어간 집에는, 흠모하던 간호사 도로테아가 살고 있었다. 도르테아 간호사 방에 몰래 들어가거나, 도로테아를 사랑하는 의사 베르너가 그녀에게 보낸 편지를 훔쳐본다.

같이 세 들어 살던 플루트 연주자와 또 한 명의 기타리스트와 함께 '더 라인 리버 스리'라는 재즈 밴드를 결성하고, 한 주점에서 연주하기로 계약을 맺는다. 오스카는 양철북을 연주하여 손님들을 어린 시절로 돌아가게 하는 마술을 부린다. 그의 능력을 지켜본 되슈 박사는 오스카에게 계약을 제안한다. 되슈 박사 사무실에서, 예전에 인연이 있었던 베브라를 다시 만난다. 오스카는 수천 명 앞에서의 공연을 성공적으로 마치고, 언론은 '오스카니즘'이라는 찬사를 보낸다. 레코드 회사와 계약을 맺고 부자가 된다.

그러던 어느 날, 도르테아 간호사가 살해당하는 사건이 벌어진다. 그녀를 사랑하는 베르너와 삼각관계였던 간호사 베에테가 저지른 짓이었다. 그러나 오스카가 누명을 쓰게 된다. 2년 동안 도망 다니다가 붙잡혀 유죄판결을 받고 정신병원에 강금당한다. 그리고 간호사가 사다 준 원고지에 이 이야기를 써 내리기 시작한다.

『어린 왕자』
앙투안 드 생텍쥐페리
동심으로의 불시착

사막에 불시착한 조종사 앞에 불쑥 나타난 어린 왕자는 다짜고짜 양을 그려 달라고 한다. 비행사는 처음엔 어린 왕자를 다소 귀찮아한다. 조종사는 당장 비행기를 수리하는 일이 급한데, 밑도 끝도 없이, 양을 그려 달라고 성화다.

조종사가 어린 왕자에게 관심을 보이기 시작한 계기는, 비행기 안에 있던, 코끼리를 삼킨 보아뱀 그림이었다. 자신이 여섯 살 무렵에 그려 보았던, 세상의 어른들은 모두 모자로 '해석'했던…. 어린 왕자는 당연하다는 듯한 무심함으로 코끼리 안에 감춰진 보아뱀을 발견한다. 그리고 여전히 양을 그려 달란다.

코끼리를 삼킨 보아뱀 그림은, 어른의 세계로부터 거부

당한 유년의 꿈이다. 조종사는 어린이의 세계로는 도저히 어른들을 이해시킬 수 없다는 성찰이 찾아온 6살의 나이에 화가의 꿈을 포기한다. 그보다는 지리, 산수, 역사, 문법 같은 학문이 어른들 세계에서의 유용성이었다.

조종사는 어른들을 이해시키지 못했던 보아뱀 그림 이후로는 그림을 그려 본 기억이 없다. 그러나 어린 왕자의 성화에 서툴게나마 양을 그려 본다. 그려 달라고 해서 기껏 그려 줬더니, 이건 이래서 안 되고 저건 저래서 안 된다. 어린 왕자가 다소 귀찮아지기 시작한 비행사에게서 발휘된 기지는 양이 들어 있는 상자를 그린 것이었다. 그제서야 어린 왕자는 흡족해한다. 어른과 아이를 동시에 만족시킨 양의 그림은, 구체적인 양의 형상이 아니었다.

『어린 왕자』가 전하고 있는 하나의 주제는 마음의 눈으로 보라는 것. 생텍쥐페리가 자칫 진부할 수도 있는 주제를 보여 주는 방식은 역설적으로 숨겨 버리는 것이었다. 보아뱀이 삼킨 코끼리처럼….

자신의 별로 돌아간 어린 왕자를 기억하기 위해 비행사는 그와의 만남을 기록하면서 그림까지 그려 넣었다. 어린 시절에 두고 왔던 자신의 꿈을 어린 왕자를 통해 다시 꺼내어 보게 되었던 것. 『어린 왕자』의 배경이 사막이라는 점도 흥미롭다. 사막으로의 불시착, 광활함을 비추는 태양 아래로 드리워진 죽음의 그림자, 그 불안 속으로 걸어 들어온 어린 왕자는 조종사의 환상이었다는 해석도 가능하지 않을까? 어린 왕자를 비행사의 분열증적 자아로 해석한다면, 이 장면은 죽음의 불안 속에 주마등처럼 스쳐가는 유년시절의 꿈이라고 할 수 있겠다.

사막에 추락한 조종사가 느꼈을 죽음의 공포, 어린 왕자는 그 불안 속에 찾아온 삶에 대한 성찰이기도 하다. 이토록 갑작스럽게 찾아오는 허망한 죽음인데, 뭣 하러 그리도 아등바등 살았을까? 해보고 싶은 걸 왜 그렇게 쉽게 포기했을까? 이대로 죽을 바에는 한번 제대로 살아 보자는 결의는 누구에게나 가능할 수 있지만, 실천으로의 각성은 내 곁에서 나를 지켜보는 죽음과 눈이 마주쳤을 때나 가능하다, 죽음이 지니는 삶의 가치, 그 역설의 힘은 그토록 크다.

어른의 세계

어린 왕자가 자신이 살고 있는 소혹성 B612으로부터 지구로 오기까지 여러 별을 거쳤다. 그 별에 홀로 살고 있는 각각의 인물들은, 동심의 눈으로는 이해할 수 없는 어른들의 표집이기도 하다.

어느 별에 홀로 살고 있는 왕은, 어린 왕자에게 '명령'이란 걸 내린다. 홀로 사는 이가 어찌 타인에게 내리는 명령이란 개념을 알 수 있을까? 명령이 있으려면 동시에 복종이 있어야 하는데, 이 별에는 명령만 있었다. 어느 별에서 만난 허영심을 지닌 어른에겐, 오로지 자신을 바라보는 타인의 시선이 존재의 근거인 동시에 존재의 의미다.

술주정꾼은 딜레마에 빠져 있다. 술에 취해 사는 자신이 부끄러워서, 그걸 잊으려고 술을 마신다. 가로등지기에겐 오직 가로등을 켜고 끄는 일이 소임이다. 그런데 별의 자전 속도가 점점 빨라져서, 이제는 하루의 길이가 딱 1분이다. 도통 쉴 수가 없다. 어린 왕자와의 대화 도중에도 계속해서 가로등을 켜고 끈다. 별을 세는 사업가는, 그 별에 누가 살고 있는지는 개의치 않는다. 그냥 자신이 발견했으니 자신의 소유인 것이다. 그러나 별 자체가 필요한 것도 아니다. 그 별이 창출해 낼 수 있는 수익이 필요한 것이다.

어린 왕자가 지구로 오게 된 직접적 원인은 6번째 별에서 만난 지리학자였다. 지리학자라는 직업에 상당한 자긍심을 지니고 있는 그는 결코 책상을 떠나는 일이 없다. 지리학자는 중요한 사람이기에 돌아다닐 수가 없다는 이유에서이다. 그런 건 탐험가가 할 일이며, 자신은 그 탐험가의 견문을 기록하는 사람이다. 그러나 직접 보고 들은 것이 아니기에 탐험가들의 진정성을 의심하기도 한다. 또한 직접 보고 들은 적이 없기에, 정작 자신이 딛고 서 있는 별에 대한 지리도 잘 모르고 있는 '전문가'였다.

지구는 그 별들이 확장된 범주다. 111명의 왕과 7천명의 지리학자, 90만 명의 장사꾼, 7백 50만 명의 술주정뱅이, 3억 1천 1백만 명의 허영심, 4십 6만 2천 5백 11명이나 되는 가로등 켜는 사람들…. 한 20억 명쯤의 어른들이 살고 있는 별.

어린 왕자가 지구에 도착해 가장 먼저 느낀 정서는 외로움이다. 어린 왕자는 지구의 사막에서 만난 뱀에게 묻는다. 사람들은 어디 있느냐고…. 그러나 뱀의 대답은, 사람들은 모두 외롭다는 것이었다.

높은 곳에 올라 내려다보면 한눈에 지구를 볼 수 있을 거란 생각으로 산에 올랐던 어린 왕자. 자신의 별에 있는 화산은 의자 대신 사용할 만큼 작았는데, 이 지구는 산의 규모도 어마어마하다. 그 거대함을 딛고서 그 많은 사람들을 불러 봤지만, 돌아오는 건 공허한 메아리뿐이다. 어린 왕자가 지구에서 처음 마주친 사람들은 기차에 가득 실려 어디론가 향해 가는 중이었다. 정작 자신이 무엇을 찾아 그렇게 서둘러 가고 있는지도 모르는 사람들이, 도시와 도시를 잇는 교통 속에 갇혀 있었다.

길들인다는 것

"다른 발자국 소리들은 나를 땅 밑으로 기어 들어가게 만들 테지만, 너의 발자국 소리는 음악소리처럼 나를 나의 땅굴 밖으로 불러낼 거야!"

여우에게서 어린 왕자는 '길들인다'는 의미를 돌아본다. 길들여진다는 것은 관심을 가지게 된다는 의미이기도 하다. 일반적 타자로부터 구분되는, 특정 대상을 향한 끌림. 사랑도 그런 길들임이다.

어린 왕자가 여러 별을 거쳐 지구에 오게 된 최초의 원인은, 어느 날 소혹성 B612로 날아든 장미의 변덕스러운 성격이었다. 그러나 지구에 와서 어린 왕자가 깨달아야 했던 건, 그 변덕이 어린 왕자를 향한 사랑의 서툰 표현이었다는 사실과 서로에게 길들여지는 과정에서는 인내가 필요하다는 사실이었다. 어린 왕자가 소혹성 B612에 두고 온 장미는 생텍쥐페리의 아내인 콘수엘로에 대한 상징이라는 게 정설로 받아들여지고 있으며, 그런 면에서 『어린 왕자』는 생텍쥐페리의 순탄치만은 않았던 사랑에 대한 회고록이기도 하다.

그 자신이 비행기 조종사이기도 했던 생텍쥐페리, 그 마지막 비행이었던 바다에서 발견된 그의 유품에는 콘수엘로의 이름이 새겨져 있었단다. 『어린 왕자』의 스토리에 빗대어 본다면, 생텍쥐페리는 죽음의 순간까지도 소혹성 B612에 피어 있는 장미를 그리워한 어린 왕자 자신이다.

영화 『인셉션』에서, 중층의 꿈속으로 들어가 미션을 수행하는 주인공들이 다시 현실로 넘어오기 위한 장치로 설정된 행위가 죽음이었다. 이는 『장자』의 어느 한 페이지를 떠올리게 한다. 꿈을 꾸고 있는 순간에 그것이 꿈인 줄 모르듯, 더 큰 깸이 있어 이 삶이 한바탕 꿈이었음을 깨닫는 어느 순간이 다가올지도 모른다는…. 여기서 '큰 깸'이란 죽음을 의미한다.

어린 왕자가 자신의 별로 돌아가는 방법은 지구에서의 죽음이었다. 어린 왕자를 사막에서 조난을 당한 조종사의 환상 속에 마주친 유년시절로 해석한다면, 어린 왕자의 죽음은 어린 시절의 꿈을 마주한 꿈속에서 깨어난다는 상징으로 볼 수도 있다. 공교롭게도 마침 이때 조종사는 비행기 수리를 마친다. 그리고 사막을 빠져나와, 자신의 잃어버렸던 꿈이었던 그림으로 어린 왕자와의 일화를 기록한다. 꿈에서 깨어난 조종사는 어린 왕자를 만나기 이전의 삶에서도 깨어난 것이다.

『위대한 개츠비』
F. 스콧 피츠제럴드

한 사람을 위한 마음

F. 스콧 피츠제럴드는 미국 미네소타 주 세인트폴에서 태어났다. 프린스턴에 입학했지만, 문학과 연극에 열중하면서 성적부진으로 3학년 때 자퇴를 한다. 대법원 판사 딸인 젤다와 약혼하지만 미래의 불확실성에 의해 파혼을 당한다. 이후 출간된 소설이 성공을 거두고 나서야 젤다와 결혼하게 된다.

1920년대부터 미국 동부와 프랑스를 오가며 호화로운 생활을 하던 와중에, 1925년에 출간한 『위대한 개츠비』는 당시로선 이렇다 할 반향을 얻지 못했다고 한다. 알콜 중독과 빚에 시달리며, 아내 젤다가 정신병원에 입원하는 추락한 삶을 겪다가, 40대의 젊은 나이에 심장마비로 사망한다.

이후 제2차 세계 대전 당시 미군이 진중문고(陣中文庫)로 사들인 계기로 인해 세간의 재평가가 이루어진다. 피츠제럴드의 참전 경험이 참전용사들의 정서와 공감대를 형성했고, 전후 세대에게 필독서로 자리 잡을 만큼 엄청난 인기를 끌게 된다.

신흥 부자의 탄생

1차 세계대전에서 미국은 군수 물자를 제공해 세계 최강국의 기반을 다지고 1920년대에 최고 호황기를 맞는다. 전쟁으로 전 세계가 혼란스럽던 상황에서도 미국은 자본주의가 절정으로 치닫고 있는 상황이었다. 20년대의 뉴욕을 배경으로 하는 소설은, 전쟁으로 얻어 들인 물질적 풍요 이면에 도덕적으로는 타락한 미국 사회의 절망을 담아낸다.

1925년에는 포드사가 자동차를 대량생산하는 시대를 열어 자동차가 대중화되었고, 백화점에는 상품들이 가득하고, 재즈음악이 선풍적인 인기를 끌었다. 고삐가 풀린 것처럼 성장하던 자본주의는 곧바로 부작용을 드러내기 시작한다. 미국의 대공황이 전 세계로 확산되고 세계 경제는 곤두

박질치고, 또한 2차 세계대전의 원인이 되기도 한다.

『위대한 개츠비』가 쓰여진 시기는 대공황 직전, 거품 경제로 인해 뉴욕 주식시장의 주가는 치솟았으며 벼락부자들을 양산하고 있었다. 신흥부자들은 석유와 도박, 주식 투기와 밀주로 돈을 벌었다. 1920년대는 대공황 직전까지 금주법의 시대였지만, 소설 속의 장면들을 통해 전혀 지켜지지 않고 있는 시대의 법이었음을 알 수 있다. 이런 배경 속에서 개츠비는 신흥부자로 발돋음 할 수 있었던 것.

『위대한 개츠비』는 주인공이자 이 소설의 서술자인 '닉 캐러웨이'의 관점으로 이야기가 진행된다. 웨스트 에그(West Egg)에 살던 그는 이스트 에그(East egg)에 사는 사촌인 데이지와 톰 부부를 방문한다. 거기서 골프로 많은 재산을 쌓은 조던을 만나고, 닉의 옆집에 사는 갑부이자 매주 호화로운 파티를 여는 개츠비에 대해 이야기를 나눈다.

개츠비는 닉을 통해 데이지를 만나게 된다. 사실 데이지는 개츠비의 첫사랑이었고, 그녀를 잊지 못한 개츠비가 그녀를 다시 만나기 위해 부를 쌓고, 매주 파티를 열어 데이지와의 우연한 만남을 기대했던 것. 닉은 매주 수백 명의 사람들이 모여드는 호화스러운 파티를 경멸하지만, 개츠비에게서 파티를 여는 이유를 듣고 난 후 데이지와의 만남을 주선

한다.

데이지의 남편 톰은 공공연히 바람을 피우는 상황이었고, 개츠비는 데이지의 마음을 돌리고 싶어 한다. 그러나 쌍방의 바람이 비극의 도화선이었다. 톰은 개츠비와 데이지의 관계를 알고 난 이후, 데이지에게 개츠비가 주류 밀매업자라는 사실을 폭로한다. 또한 개츠비에 대한 데이지의 마음이 진실된 것이 아니라는 사실도 안다.

한편 톰은 친구 월슨의 아내 머틀과 부적절한 관계를 맺고 있었다. 남편 월슨에게 그 관계를 들켜 버리자 머틀은 집 밖으로 도망쳐 나와 길을 건너다 교통사고를 당한다. 머틀을 친 차에는 데이지와 개츠비가 있었다. 월슨은 아내를 잃었고, 톰은 애인을 잃었다. 톰은 월슨에게 그 차가 개츠비의 것이란 사실을 알려 주고, 데이지와 함께 멀리 여행 떠날 준비를 한다. 그리고 월슨은 개츠비를 총으로 쏘아 죽인다.

'위대하다'는 의미

데이지는 상류층에 속하는 부를 장착한 여인이었다. 예쁘게 꾸며져 욕망을 자극하지만, 알맹이가 없는 물질주의의 상징이기도 하다. 개츠비는 물질적인 부와 그것이 가져다주는 이미지를 동경한 것이기도 하다. 그러나 개츠비가 그러했듯이 그런 허황된 열망의 결론은 허무하다는 것.

개츠비의 장례식에는 단 몇 명의 조문객들만 찾아온다. 매주의 파티에 찾아오던 넓은 인맥이 다 부질없었다. 실상 파티에 참석했던 손님들 중에 개츠비의 과거를 정확히 알고 있는 사람은 없었다. 그저 그의 부를 함께 향유하는 일에만 관심이 있었던 것뿐이다. 개츠비에게 '위대한'의 수식은 '조롱'의 뉘앙스이기도 하다. 불법과 편법으로 쌓은 부를 향유했던 것이니…. 이 소설의 신드롬으로 인해 '개츠비스크(Gatsbyesque)'란 말도 유행하기도 했단다.

그러나 많은 여성을 거느릴 수 있을 부를 증식한 이후에도, 옛 사랑을 못 잊는 개츠비의 순정에 '위대한' 수식이 붙었다는 해석도 있다. 그 부를 쌓은 목적이 자신이 사랑했던 옛 애인에게, 그녀가 사랑할 수 있는 모습으로 다시 나타날 미래를 꿈꾼 것이었기에…. 물질적 가치에 휘둘리는 데이지를 원망하지 않고, 그녀가 사랑할 수 있을 만한 모습이 되어 다시 나타난, 한 사람을 위한 마음.

물질적으로 풍부해진 시대가 되자 근검과 절약의 정신이 위협을 받고 도덕적 해이가 문제로 떠올랐다. 노골적으로 돈과 출세를 쫓는 전후 세대에게 옛것에 대한 향수를 자극했고, 이때 개츠비가 보여 준 첫사랑에 대한 변하지 않는 순수한 마음과 열정에 대한 찬사가 '위대한'이었다는 것.

디카프리오의 주연으로 화제가 되기도 했던 영화. 그 유명한 스틸컷은, 자신이 매주 벌이는 파티에 참석한 이들에게 되레 개츠비가 조롱의 눈빛을 던지고 있는 것 같기도 하다. 적어도 그는 저들과 다른 위대한 가치 하나를 지니고 있었으니까.

『잃어버린 시간을 찾아서』
마르셀 프루스트

그 시절, 우리가 좋아했던

프루스트는 이전까지의 문학사에 존재하지 않았던 소설을 쓰기 위해, 먼저 문예비평가로서 활동한다. 문단이 폐기하지 못하는 문제점들을 부단히 지적하면서, 자신이 비집고 들어설 새로운 시장의 토대를 다지고자 했던 마스터플랜이었단다. 그러나 막상 『잃어버린 시간을 찾아서』를 출간하려 했을 땐, 선뜻 그에게 손을 내미는 출판사가 없었다. 프랑스 문단은 그를 한낱 사교계나 드나드는 부유한 한량으로 취급했다. 또한 이전까지 독자들이 읽어 온 것과는 사뭇 다른 성격이면서도, 장편이어도 너무 장편인 그 두꺼운 볼륨을 감당할 수 있는 출판사가 없었다.

결국 프루스트는 자비로 출간을 할 수밖에 없었고, 문단이 예상하지 못했던 반향을 얻기 시작한다. 그로부터 머지 않은 훗날에 여러 철학자들과 문인들에게 큰 영향을 미치게 되고, 카프카와 조이스와 더불어 현대 소설의 초석이란 평가로 이어지고 있다.

원고를 거절했던 한 출판사의 편집장은, 프루스트를 그저 속물의 브르주아인 아마추어 작가로 평가하고 있었고, 원고를 몇 장 읽어 보다 말고 방치해 버렸단다. 그 편집장이 바로 앙드레 지드. 대박을 놓친 출판사 대표는 지드에게 다시 한 번 그 원고를 읽어 보라고 권했고, 편견이 사라진 상태에서 다시 그 원고를 끝까지 읽어 본 지드는 프루스트에게 사과의 편지를 보냈다.

실상『잃어버린 시간을 찾아서』를 쓰기 전까지 프루스트의 입지란, 단편집 몇 개와 번역서 몇 권이 전부인, 부르주아 사교계나 드나들던 아마추어 작가라는 문단의 평이 틀리지도 않았다. 주인공이 느끼는 삶에 대한 무력감과 삶의 의미를 찾고자 하는 갈망은 곧 프루스트의 고민이기도 했다.

프루스트 효과

　일상에 지친 주인공은, 어느 날 홍차에 적신 마들렌 한 조각으로부터 '콩브레'라는 시골 마을에서 보냈던 유년 시절을 회상한다. 콩브레에는 주인공의 이모가 살고 있었는데, 부활절 방학 때마다 부모님과 함께 이곳에서 지내다 오곤 했었다. 이모의 집 근처에는 두 갈래의 산책길이 있다. 한쪽을 '스완네 집 쪽'이라 부르고, 다른 한쪽을 '게르망트 쪽'이라고 부른다. 이 소설에서는 각각의 산책로가 추억을 담고 있는 매개이기도 하며, 각각 소챕터의 제목으로 사용되기도 하다.

　스완네 집 쪽에는 스완 가(家) 사람들이 살고 있었으며, 주인공이 유년 시절에 좋아했던 질베르트는 그 집 딸이다. 프루스트는 중간에 질베르트의 부모인 스완과 오데트의 사랑 이야기를 소설 속의 소설 형식으로 끼워 넣었는데, 이는 주인공이 사랑을 통해 겪게 될 성장통을 미리 제시한 복선의 성격이기도 하다.

　스완은 상류 계급의 사교계를 드나들던 나름 거물급 인사였다. 그러나 상류층이 교양을 향유하는 방식에 염증을 느끼고 있기도 했던 터, 우연찮게 쁘띠 부르주아들의 소모임에 관심을 가지게 되고, 거기서 오데트를 만난다. 그녀는 스완에게 무척이나 관심을 보이지만, 스완은 처음엔 그녀를 신경도 쓰지 않았다. 그러나 오데트의 얼굴이 보티첼리의 『모세의 생애』속에 그려진 모세의 아내와 닮았다는 사실을 깨달은 이후, 스완은 그녀에 대한 열망에 사로잡힌다.

스완이 보티첼리의 그림을 몰랐다면 그녀를 사랑하지 않았을까? 이전까지는 그 가능성을 상상조차 해보지 않았던 여인상을 사랑하게 된, 스스로도 납득되지 않는 지금의 원인을 과거에서 찾고 싶었던 것일까? 실상 스완은 보티첼리의 그림을 좋아하는 편도 아니었다. 그러나 제 사랑의 근거를 나름 예술에 두고 있는 스완은 도저히 오데트에게서 헤어 나올 수가 없다.

오데트와의 사랑은 쉽지가 않다. 사랑에 빠진 모든 이가 그러하듯, 결코 내 사랑만은 그럴 리 없다며 스스로를 설득해 보아도, 쓸데없이 탁월한 지성은 어느 순간부터 그녀의 변명과 합리화를 논리적으로 간파하고 있는 자신에게 내심 만족감을 느낄 뿐이다. 그러나 그 지적 만족감을 둘러싼, 보다 큰 사랑의 자괴감 앞에서, 지성은 정말이지 쓸데없다.

이 사례가 『잃어버린 시간을 찾아서』를 대변하는 주제이며 소재이기도 하다. 추억 속의 사건과 인물을 매개하는 문학과 음악과 미술들이 많이 등장한다. 그래서 '부르주아 사교계'라는 평이 붙은 것이기도 하지만, 프루스트가 사물을 대하는 방식이 이렇다. 내 기억 속에 남아 있는 것들을 상기할 때도 있지만, 어떤 사물로부터 떠올리는 기억들도 있지 않던가. 그렇듯 사물이 지닌 기억으로서 한 사례가, 이 소설의 시작을 알리는 홍차에 적신 마들렌이었던 것이고….

최면 수사 기법에서도 보듯, 의식 차원에서 잊혀진 기억도 무의식은 기억하고 있다. 의식이 반추하지 못하는 기억을 무의식이 돌보고 있는 것. 그리고 그것이 공명할 수 있는 대상과 마주쳤을 때, 데자뷰처럼 의식의 범주로 떠오른다. '프루스트 효과'라고도 알려져 있지만, 이 소설에 정신분석적 해석이 몰려드는 이유이기도 하다.

되찾은 시간

어떤 풍경으로부터 상기되는 기억은 단순한 회상의 나열이 아니다. 지극히 '지금 여기'의 조건이 반영되는 해석이다. 기억은 그저 수단의 역할에 지나지 않는다. 사물 혹은 사건으로부터 이야기되어지기 시작하는 것들의 실제 목적은 기억을 넘어선 '찾기'이다.

우리가 자꾸 뒤를 돌아보는 이유는, '지금 여기'를 스쳐 가는 시간의 의미가 잘 해명되지 않기 때문이다. 하여 아득하고 선명하지 않아 되레 더 무한한 기억 속에서 그 해법을 찾으려 하는 것이다. 프루스트의 『잃어버린 시간을 찾아서』는 홍차에 적신 마들렌을 통해 단지 기억만을 상기한 것이 아니다. 기억 너머에 존재하던, 우리가 미처 알지 못했던 기억 이상의 것들을 되찾는 작업이다.

소설에 등장하는 화가 엘스티르가 그 단서를 제공하는 인물이기도 한데, 이는 모네를 염두에 둔 허구의 설정이란다. 주인공이 존경해마지 않는 화가는 다소 저열한 화풍과 예술혼에 몰두했던 젊은 시절을 고백하는데, 회한이라기보단 기회비용이라는 뉘앙스이다.

"아무리 현명한 사람이라 할지라도 젊었을 적에 자기가 했던 말이나 행동을 후회하지 않는 사람은 아무도 없을 게요. 생각만 해도 부끄럽고 끔찍해서, 차라리 없었더라면 더 좋았을 텐데 하는 추억 말이오. … 젊은이들에게 정신의 고귀함이니 도덕적 우아함이니 가르치려 드는 사람들이 있지만, 모두 부질없는 짓이지. 사람은 자기 스스로 깨칠 때라야 비로소 현명해지는 법이라오."

왜 그렇게까지 했을까 싶은 후회로 돌아보는 기억들. 그런데 또 그 순간에는 그것이 내가 할 수 있는 최선이었으며, 고작 그 정도의 반성적 거리를 확보하는 게 내가 지닌 한계였던 것이기도 하다. 엘스티르는 이미 벌어진 일이고, 없었던 것으로 할 수 없는 일을 어찌하겠냐는 입장이다. 그렇게 허비된 시간들이 정말 허비된 시간으로서 사라져 가게 할 것이 아니라, 남은 인생을 위해 쓰여진 값진 수업료의 의미 정도는 되찾아야 하지 않겠냐고….

주인공이 작가로서의 소명을 깨닫는 계기 역시 그가 겪은 모든 순간들로 인해서이다. 방탕하게 보낸 시절들조차도 '지금 여기'로 이어지고 있던 결정적 순간들이다. 그 기억이 아니었던들, 지금에 어떤 기억을 겪어야 하는 것인지 모를 일. 하여 그 과거들은 결코 잃어버린 시간들이 아니며, 미래를 통해 얼마든지 의미를 되찾을 수 있는 과거라는 것.

"헛되이 보내 버린 이 시간 안에 진실이 있다는 것을 마지막에 가서 우리가 깨닫는 것. 그것이 바로 배움의 본질적인 성과이다. … 우리의 게으른 삶이 바로 우리의 작품을 만들고 있었다는 것을 깨닫는다. 내 전 생애가 하나의 천칙이다."

누구보다 프루스트를 사랑했던 들뢰즈가 『잃어버린 시간을 찾아서』의 '되찾은 시간'에 대한 소회를 적은 문장이다. 쉽게 말해, 어떤 과거도 지금에 미치고 있는 모든 함수이며, 버려지는 시간은 없다는 이야기. 무의미하게 소모되고 있는 듯했던 권태의 날들조차도, 결국엔 내 삶 안에서 어떤 의미를 잉태하고 있었던 시간이다.

『잃어버린 시간을 찾아서』에서는 노을이 지고 있는 하늘을 배경으로, 멀리 떨어진 두 마을의 종탑을 한눈에 담은 감흥을 적은 페이지가 있는데, 이는 문학사에서도 꽤 유명한 장면이라고 한다. 작가의 꿈을 지니고 있던 주인공은 그 풍광을 바라보다가 문득 머릿속에 떠오른 문장들을 써 내려간다. 그리고 그 글을 다 쓰고 난 뒤에는 알 수 없는 행복감에 빠져든다. 이 장면은 주인공이 나중에야 깨닫게 되는, 홍차와 마들렌으로 시작된 과거로의 여행이 스스로에게 무엇을 의미하는가에 대한 대답의 단서이기도 하다.

회상 끝에서 주인공은 작가가 되기로 결심한다. 그 결과물이 이 소설이기도 하다. 그러니까 이 소설의 결론으로부터 이 소설이 쓰여지고 있던 셈. 들뢰즈가 '끝은 시작 속에 있었다'고 표현한, 이후 많은 문학 작품에 영향을 미친 구성 방식.

보헤미안 랩소디

그 기질이 여성적이라는 바로 그 때문에 사내다움을 이상으로 삼고, 실생활에서는 겉으로만 다른 남성과 닮은, 보기에 모순투성이의 인간. 이 종족의 각자는 우주 만물을 보는 그 눈 속에 눈동자의 결정면(結晶面)이 음각된 실루엣을 끼고 있다. 이 실루엣은 이들에게는 아름다운 님프가 아니라, 잘생긴 소년이다.

『잃어버린 시간을 찾아서』의 '소돔과 고모라' 편에 적혀 있는, 동성애에 관한 설명. 실상 그 자신도 '소돔족'이었던 프루스트의 고해이기도 하다. 왜 '고해'라는 표현을 썼는가 하면, 프루스트는 '회개의 정으로 가득한 성도착자'였다고 한다. 당시 사회 분위기로는 상당한 각오를 하고 썼어야 했던 내용이었지만, 뜻밖에도 도덕적이고 과학적이라는 호응을 이끌어 냈다고….

그런데 프루스트의 이런 강단은 되레 병약함의 반동이었다. 어려서부터 병치레도 잦고 불안도가 높았던 소년은, 세상사를 두루두루 경험하고자, 열정적이다 못해 방탕하고 때론 퇴폐적이기까지 한 청년으로 자라난다. 프랑스 문단이 프루스트를 한낱 사교계나 기웃거리는 속물로 치부한 것도 당연한 일이었는지도 모른다. 그러나 이 소설의 집필을 시작한 이후로는 죽는 날까지 절제된 삶을 추구했단다.

정신분석은 동성애를 유년시절에 겪은 모친과의 관계에서 그 원인을 찾는다. 프루스트는 평생에 걸쳐 모친에게 기대는 바가 컸고, 『잃어버린 시간을 찾아서』의 토대인 회상의 서사 역시 유년 시절의 기억 한가운데에 자리하고 있는 모친에 관한 이야기로 시작된다. 또한 동성애의 코드를 거리낌 없이 발표할 수 있었던 이유 중엔, 어머니가 돌아가신 사건이 포함되어 있다. 그로선 더 이상 아무것도 잃을 게 없는 상황이었다.

마들렌과 홍차로부터 잃어버린 시간을 회상하기 이전까지는, 프루스트에게 유년 시절은 그저 모친이 굿 나잇 키스를 하러 방으로 찾아오던 저녁나절의 기억밖에 없다. 유능한 의사였던 아버지와 유복한 유태인 가문의 어머니의 결속이다 보니, 이 부르주아 집안에서는 사교 모임이 잦았었다. 때문에 심약한 소년은 혹여 모친이 깜빡 잊고 자신의 방으로 오지 않을까 하는 걱정으로 잠을 이루지 못했다. 그 시절에 겪은 분리불안 혹은 유기불안이 그 시절의 기억을 오로지 저녁나절에 붙잡아 두고 있었다. 그 불안의 껍질 속에 갇혀 오래도록 잊혀져 있었던 기억들이 이 소설의 근간이기도 하다.

세계 각국의 언어는, 엄마와 아빠를 뜻하는 '마', '빠' 혹은 '파'의 발음을 공유하고 있다. 아이의 옹알이 와중에 가장 발음하기 쉬운, 다물었던 두 입술을 벌리기만 하면 터져 나오는 양순음이기도 하다. 어떻든 간에, 우리의 의지와 상관없이, 태어나서 가장 먼저 불러 보게 되는 단어가 엄마와 아빠이다. 프루스트 같은 경우는 평생 '엄마'라는 호칭 곁에 살았으며, 『잃어버린 시간을 찾아서』는 엄마와 함께 살았던 시간에 대한 회고록이기도 하다. 어머니가 돌아가신 4년 후부터 그 여생을 바쳐 써 내린 역작은, 그가 죽는 날까지 퇴고를 반복했다. 그리고 삶의 마지막 순간에, 프루스트의 입에서 흘러나온 단 하나의 단어는 '엄마'였단다.

『호밀밭의 파수꾼』
J.D.샐린저
지켜주고 싶은 마음

    신문에 게재하던 글들을 통해 조금씩 자신의 이름을 알리고 있던 샐린저를 일약 스타 작가로 발돋움하게 한 대표작이자, 그의 유일한 장편 소설이다. 1953년 7월 발표하자마자 '세기의 걸작'이라는 평단의 극찬과 대중의 인기를 모두거머쥐게 된다. 특히나 당대의 청춘들에게서 센세이션을일으켰다. 세계적인 고전의 반열에 올라 현재까지 약 7천만부 이상이 판매되었다.

    뉴욕의 한 부유한 집안에서 태어난 샐린저는, 실제로 소설의 주인공 홀든처럼 고등학교에서 퇴학을 당하기도 했다. 대학에 가서도 여러 번 제적을 당하지만 콜럼비아 대학의 문예창작 수업을 청강생으로 들은 경험이 큰 계기가 되었다. 『호밀밭의 파수꾼』으로 유명세를 타기 시작하면서, 조용히 살기 힘들어지자 뉴욕을 떠나 뉴햄프셔의 시골로 내려가 살았다. 워낙 개인적인 사생활을 공개하기 꺼렸던 성격 탓에 미스터리하게 감춰진 부분이 많다. 2019년 그의 비밀스러운 삶을 조명한 다큐멘터리가 제작되기도 했다.

방황할 권리

유명한 사립학교에 재학 중인 주인공 홀든 콜필드는 이미 이전에도 몇몇 학교를 전전했던 이력이 있는 데다, 이 학교에서도 영어를 제외하고는 모두 낙제를 받아 퇴학을 당한 상황이다. 그는 소위 문제아로 여겨지지만, 사실 내면은 상당히 조숙하고 섬세하며 문학적인 소양이 풍부하다. 그저 데이트에만 혈안이 되어 있는 룸메이트, 썩 매너가 좋지 않은 기숙사 옆방 친구, 자신을 이해해 줄 것 같지 않은 선생님들만 있는 학교생활은 몸에 맞지 않은 옷을 입은 듯 불편하고 답답하기만 하다. 가족이 그리우면서도 차마 당당하게 돌아갈 수 없었던 그가, 예정보다 며칠 일찍 학교를 나와 방황하는 약 사흘간의 방랑기를 담은 성장소설이다.

주인공 홀든이 화자로 들려주는 이야기라, 사건을 바라보는 그의 시선과 시각을 따라 시간 순서대로 전개된다. 스스로도 정의 내리기 힘든 복합적인 마음이 속상함으로 응어리져 있는 사춘기 소년의 화법답게 대체적으로 문장은 간결한 편이다. 무덤덤한 듯 내뱉는, 다듬어지지 않은 날 것 그대로의 에너지가 느껴지는 비속어도 자주 사용한다.

한창 사춘기를 겪고 있는 아이에 대한 생생하고 사실적인 묘사가 아무래도 이 작품의 가장 큰 매력이다. 어른과 아이 중간에 위치한 애매한 조숙함, 타인과 사회를 서서히 객관적인 시각으로 파악해 가면서 자신이 그 어디에도 설자리가 없고 이해받지 못한다고 느끼는 외로움, 그럼에도 불구하고 끊임없이 갈구하는 사회적인 관계와 애정, 사람들에 대한 포기할 수 없는 희망. 사회의 체계에 아직 어떻게 적응해야 할지 모르는 미숙함과 때로는 공격적이고 괴팍하게 터져나오는 순수함을, 진솔한 10대의 언어로 전달한다.

잊고 있었던 그 시절만의 섬세한 감정이 가득한 작품이다. 어떻게 남들과 함께 어우러져 살아갈지 고민하는 과제가 주어진 사춘기를 거치며, 사회와 스스로를 이해하는 경험. 어쩌면 많은 이들이 그 시기를 꽤나 요란스럽게 지나왔기에, 이 작품이 세대와 시대를 불문하고 계속해서 사랑을 받는 것은 아닐까? 이제는 그 시절을 마치 첫 걸음마 내디 딜 시절만큼이나 까마득하다는 듯 잊고 있는 어른의 얼굴 로, 이젠 충분히 성숙하다고 믿는 우리가 남몰래 덮어둔 속 내를 콜필드가 대신 표출해 주기 때문은 아닐까 하는 생각 도 해본다. 사실은 마음 깊숙이 여전히 투정 부리고 싶어 하 는, 덜 자란 청소년의 자아가 숨겨져 있다는 걸 새삼 깨닫기 도 한다.

홀든이 느끼는 주변 사람들과의 괴리, 학교에서 마주치 는 어른들에 대한 반감, 그리고 그 괴로움만큼이나 안으로 파고드는 외로움. 그러나 넘치도록 배어 나오는 그의 순수 함에는 묘한 감동이 느껴진다. 대체적으로 그의 내레이션 은 또래 친구들에 대한 한심스러운 모습, 학교생활 혹은 단 체 생활의 이상하고 바보 같은 면들, 그리고 어른들의 가식 적인 모습에 대한 비판이 가득하다. 하지만 또래 친구들은 그를 동년배 괴짜 아이로 여기고, 어른들은 아직까지 사회 화된 코드로 소통하지 못하는 아이로 취급할 뿐이다.

그는 자신을 이해하지 못하는 또래 사이에서 소통할 수 없어 외롭고, 가식 덩어리인 어른들이 군림하는 사회 속에 서도 어쩐지 발붙일 곳 없어 겉도는 느낌이다. 실상 홀든은 만나는 사람마다 붙잡고 이야기하고 싶어 한다. 세상을 비판하면서도 굉장히 외로워한다. 마음을 터놓을 상대가 없었을 뿐이다.

제3자의 시선으로 봤을 때, 그의 가장 큰 문제는 퇴학인데, 오히려 당사자인 콜필드에게 그건 여러 문제 중 하나 정도로 밖에 여겨지지 않는다. 물론 퇴학이라는 것은 중요하고 심각한 문제이며, 이로 인한 파장, 즉 가족들이 실망하고 또 자신으로 인해 스트레스를 받게 될 상황에 대해서는 충분히 인지하고 있다. 하지만 그에게 정말 중요한 문제는 학교보다는 좀 더 근본적인 것들이다.

한 세상을 살며 겪게 되는 많은 일들이 그러하듯, 표면으로 드러나는 퇴학이란 결과는 빙산의 일각일 뿐, 그 이면에는 한참동안 누적되어 온 시간이 거대하게 잠겨 있다. 섬세하고 예민한 성격인 그는 도저히 이 사회 속에서 온전히 소통할 수 없는 사람들과 어떻게 더불어 평온하게 살아가야 할지를 몰라 방황한다. 정신적으로 조숙한 편이라 또래 친구들과는 달리 사회의 모습을 꽤나 날카롭게 지적해 내지만, 어쩔 수 없는 아직 순수한 청소년이기에, 부당하고 불합리한 모습을 있는 그대로 수긍하는 것은 너무 힘든 일이다. 어떻게 살아가야 하는지 방법도 방향도 몰라 흔들리는 그에게, 당면한 생활과 멀게 느껴지는 학과 과정 공부는 우선순

위가 아니다.

가장 순수한 시절

우울하기만 한 방황기 속에서 가족 이야기는 깜깜한 숲 속에 문득 비치는 햇살처럼 등장한다. 주인공이 우러러보는 형 D.B. '가식적인' 것을 만들어 내는 영화산업에 뛰어들기 위해 할리우드에 간 것은 도저히 이해할 수 없고 마음에 안 드는 선택이라 말하면서도, 형에 대한 무한 신뢰와 존경과 애정이 묻어난다. 어린 나이에 세상을 떠난 동생, 앨리. 홀든은 수시로 동생의 모습을 떠올리며 행복해한다. 여전히 기억하고 있는 앨리의 사랑스러움과 함께 보냈던 시간들에 대한 추억은 어수선한 상황에서도 그에게 안정감을 준다.

그리고 엄마. 늘상 잠을 푹 자지 못하고 두통에 시달리는 모습으로 기억하는 엄마를 떠올릴 때마다 미안한 마음, 잘해야 한다는 책임감을 느끼곤 한다. 대책 없는 방황을 끝내게 하고 집으로 불러들인 결정적인 역할을 한 너무도 사랑스러운 막내 동생 피비, 홀든은 학교를 무작정 떠난 첫날부터 피비를 계속 떠올린다. 세상 사람 누구에게나 화목한 가정과 사랑하는 가족이 있는 건 아니지만, 홀든은 그런 행운이 주어진 주인공이었다. 마음 깊이 사랑하는 사람이 존재한다는 것 자체로, 이미 이 힘든 세상을 살아갈 충분한 이유가 된다.

책의 제목이 동생 피비와의 대화 중에 등장한다. 18세기의 영국 시인 로버트 번스 Robert Burns가 쓴 「Comin' Thro' the rye (호밀밭을 걸어오는 누군가와 만난다면)」이라는 시를 통해, 넓은 호밀밭을 뛰어다니며 노는 아이들을 상상하고, 그들을 보호하는 일을 하고 싶다고 말하는 홀든. 아이들의 해맑은 순수함을 보호해야 하는 중요하고 큰 가치로 여기는 듯하다. 그리고 영원히 그때에 머물고 싶지만 다시 돌아갈 수 없는 그 시절을 그리워하는 걸로도 느껴진다.

기성세대로의 편입을 거부하는 홀든은, 또래의 친구들 점점 그들의 세계를 닮아 가고 있음에 환멸을 느낀다. 기대할 수 있는 순수함은 아이들밖에 없다. 홀든은 자신을 아무도 알지 못하는 시골로 가서 적당히 돈을 벌면서 단절된 삶을 살고 싶다는 생각을 한다. 그렇지만 실행에 옮기려는 순간, 그의 여동생 피비가 따라가겠다고 나서는 바람에 계획은 철회된다. 그리고 피비와 동물원에 가서 그녀가 회전목마를 타는 것을 지켜보다가, 순간, 영원히 빙글빙글 돌면서 변하지 않을 것만 같은 순수의 세계에 대한 사명감이 일었는지도 모르겠다.

사실 작가의 생애에 대해 알아보며, 그 역시 참전 이전의 순수했던 시절에 계속 머무르고자 했던 건 아닐까, 전장에서 너무 끔찍한 광경들을 많이 봐버려 이전 시절로 돌아가고 싶었던 게 아닐까 하는 생각을 해보기도 했던지라, 주인공 캐릭터에 어느 정도는 작가의 개인적인 생각을 투영했을 거라는 짐작도 해본다.

아주 작은 목소리, 꼬마는 그저 노래를 부르고 있었다. 차들이 요란스러운 소리를 내며 지나갔고, 브레이크를 밟는 소리도 여기저기서 시끄럽게 들리고 있었다. 꼬마의 부모는 아이에게 전혀 관심을 보여 주고 있지 않았다. 그 애는 그저 연석 옆에 붙어 차도를 걸어가며, '호밀밭에 들어오는 사람을 잡는다면'을 부르고 있었다. 그 모습을 보고 나니 기분이 좀 나아지는 것 같았다. 더 이상 우울하지 않았다.

그렇지만 피비가 옳았다. '호밀밭을 걸어오는 누군가와 만난다면'이 맞다. 사실 난 그 시를 잘 모르고 있었다.

(...)

"나는 늘 넓은 호밀밭에서 꼬마들이 재미있게 놀고 있는 모습을 상상하곤 했어. 어린애들만 수천 명이 있을 뿐 주위에 어른이라고는 나밖에 없는 거야. 그리고 난 아득한 절벽 옆에 서 있어. 내가 할 일은 아이들이 절벽으로 떨어질 것 같으면, 재빨리 붙잡아 주는 거야. 애들이란 앞뒤 생각 없이 마구 달리는 법이니까 말이야. 그럴 때 어딘가에서 내가 나타나서는 꼬마가 떨어지지 않도록 붙잡아 주는 거지. 온종일 그 일만 하는 거야. 말하자면 호밀밭의 파수꾼이 되고 싶다고나 할까."

읽는 이유가 있는

"우리가 문학 작품을 읽는 것은 무엇 때문일까? 내 생각으로는 자기의 욕망이 무엇에 대한 욕망인지가 분명하지 않기 때문인 것 같다. 그것이 무엇에 대한 욕망인지가 분명하면, 그것을 얻으려고 노력하면 된다. 그러나 그것이 무엇인지 분명하지 않다면, 무엇을 왜 욕망하는지를 우선 알아야한다. 그 앎에 대한 욕망은 남의 글을 읽게 만든다."

문학비평가 김현의 어록. 나에 대해 이야기하고 있는 듯한, 그 조건을 타인들은 이렇게 살아가는구나 하며 넘겨보는 스토리텔링이, 문학을 읽게 하는 동력이라는 것. 그러나 어디 문학만 그러할까? 시간과 공간을 초월해, 그런 인문학적 보편성을 담지하고 있는 너와 나에 관한 이야기들이 모두 그런 기능성을 지니고 있을 게다.

　'세기의 책' 매뉴얼 중에서 문학 편만을, 그도 일부만을 다루었다. 앞으로 계속 시리즈를 이어 갈 예정, 후속 편에 대한 예고를 르몽드지와 뉴욕타임스가 뽑은 매뉴얼로 대신한다.

르몽드지 선정 100권

1. 『이방인』— 알베르 카뮈

2. 『잃어버린 시간을 찾아서』— 마르셀 프루스트

3. 『심판(소송)』— 프란츠 카프카

4. 『어린 왕자』— 앙투안 드 생텍쥐페리

5. 『인간의 조건』— 앙드레 말로

6. 『밤이 다 갈 때의 여행』— 루이페르디낭 셀린

7. 『분노의 포도』— 존 스타인벡

8. 『누구를 위하여 종은 울리나』— 어니스트 헤밍웨이

9. 『대장 몬느』— 알랭 푸르니에

10. 『세월의 거품』— 보리스 비앙

11. 『제2의 성』— 시몬 드 보부아르

12. 『고도를 기다리며』— 사무엘 베케트

13. 『존재와 무』— 장 폴 사르트르

14. 『장미의 이름』— 움베르토 에코

15. 『수용소 군도』 – 알렉산드르 솔제니친

16. 『꽃집에서』 – 자크 프레베르

17. 『알코올』 – 기욤 아폴리네르

18. 『푸른 연꽃』 – 에르제

19. 『안네의 일기』 – 안네 프랑크

20. 『슬픈 열대』 – 클로드 레비스트로스

21. 『멋진 신세계』 – 올더스 헉슬리

22. 『1984년』 – 조지 오웰

23. 『골족(族)의 영웅, 아스테릭스』 – 르네 고시니, 알베르 우테르조

24. 『대머리 여가수』 – 유진 이오네스코

25. 『성욕에 관한 세 편의 에세이』 – 지그문트 프로이트

26. 『암흑 작업』 – 마르그리트 유르스나르

27. 『롤리타』 – 블라디미르 나보코프

28. 『율리시스』 – 제임스 조이스

29. 『타르타리의 황야』 – 디노 부차티

30. 『위폐범들』 – 앙드레 지드

31. 『지붕 위의 기병』 – 장 지오노

32. 『주군의 연인』 – 알베르 코엔

33. 『백 년 동안의 고독』 – 가브리엘 가르시아 마르케스

34. 『소리와 분노』 – 윌리엄 포크너

35. 『테레즈 데케루』 – 프랑수아 모리아크

36. 『지하철 소녀 쟈지』 – 레몽 크노

37. 『감정의 혼란』 – 슈테판 츠바이크

38. 『바람과 함께 사라지다』 – 마거릿 미첼

39. 『채털리 부인의 연인』 – D. H. 로렌스

40. 『마의 산』 – 토마스 만

41. 『슬픔이여 안녕』 ─ 프랑수아즈 사강

42. 『바다의 침묵』 ─ 베르코르

43. 『인생 사용법』 ─ 조르주 페렉

44. 『바스커빌 가문의 개』 ─ 아서 코넌 도일

45. 『사탄의 태양 아래』 ─ 조르주 베르나노스

46. 『위대한 개츠비』 ─ F. 스콧 피츠제럴드

47. 『농담』 ─ 밀란 쿤데라

48. 『경멸』 ─ 알베르토 모라비아

49. 『애크로이드 살인 사건』 ─ 애거사 크리스티

50. 『나자』 ─ 앙드레 브르통

51. 『오렐리엥』 ─ 루이 아라공

52. 『비단구두』 ─ 폴 클로델

53. 『작가를 찾는 6인의 등장인물』 ─ 루이지 피란델로

54. 『아르투로 우이의 출세』 ─ 베르톨트 브레히트

55. 『방드르디, 태평양의 끝』 ─ 미셸 투르니에

56. 『우주 전쟁』 ─ 허버트 조지 웰스

57. 『이것이 인간인가』 ─ 프리모 레비

58. 『반지의 제왕』 ─ 존 로널드 루엘 톨킨

59. 『포도덩굴』 ─ 시도니 가브리엘 콜레트

60. 『고뇌의 수도』 ─ 폴 엘뤼아르

61. 『마틴 에덴』 ─ 잭 런던

62. 『염해의 발라드』 ─ 휴고 프라트

63. 『영도의 글쓰기』 ─ 롤랑 바르트

64. 『카타리나 블룸의 잃어버린 명예』 ─ 하인리히 뵐

65. 『시르트의 바닷가』 ─ 줄리앙 그라크

66. 『말과 사물』 ─ 미셸 푸코

67. 『길 위에서』─ 잭 케루악

68. 『닐스 소년의 신비로운 여행』─ 셀마 라겔뢰프

69. 『자기만의 방』─ 버지니아 울프

70. 『화성 연대기』─ 레이 브래드베리

71. 『롤 베 스타인의 환희』─ 마르그리트 뒤라스

72. 『조서』─ 장마리 귀스타브 르 클레지오

73. 『트로피즘』─ 나탈리 사로트

74. 『일기』─ 쥘 르나르

75. 『로드 짐』─ 조지프 콘래드

76. 『에크리』─ 자크 라캉

77. 『잔혹연극론』─ 앙토냉 아르토

78. 『맨해튼 트랜스퍼』─ 존 더스패서스

79. 『픽션들』─ 호르헤 루이스 보르헤스

80. 『모라바지누』─ 블레즈 상드라르

81. 『죽은 군대의 장군』─ 이스마일 카다레

82. 『소피의 선택』─ 윌리엄 스타이런

83. 『집시 시집』─ 페데리코 가르시아 로르카

84. 『수상한 라트비아인』─ 조르주 심농

85. 『꽃의 노트르담』─ 장 주네

86. 『특성없는 남자』─ 로베르트 무질

87. 『분노와 신비』─ 르네 샤르

88. 『호밀밭의 파수꾼』─ 제롬 데이비드 샐린저

89. 『미스 블랜디시』─ 제임스 해들리 체이스

90. 『블레이크와 모티머』─ 에드가 자코브

91. 『말테의 수기』─ 라이너 마리아 릴케

92. 『Second Thoughts』─ 미셸 뷔토르

뉴욕타임스 선정 100권

1. 『아들과 연인』 – D. H. 로렌스

2. 『아큐정전』 – 루쉰

3. 『황무지』 – T. S. 엘리엇

4. 『율리시스』 – 제임스 조이스

5. 『마의 산』 – 토마스 만

6. 『심판』 – 프란츠 카프카

7. 『잃어버린 시간을 찾아서』 – 마르셀 프루스트

8. 『등대로』 – 버지니아 울프

9. 『무기여 잘 있어라』 – 어니스트 헤밍웨이

10. 『서부전선 이상없다』 – 에리히 마리아 레마르크

11. 『멋진 신세계』 – 올더스 헉슬리

12. 『인간의 조건』 – 앙드레 말로

13. 『분노의 포도』 – 존 스타인벡

14. 『토박이』 – 리처드라이트

15. 『억척어멈과 그 자식들』 − 베르톨트 브레히트

16. 『이방인』 − 알베르 카뮈

17. 『1984』 − 조지 오웰

18. 『고도를 기다리며』 − 사뮈엘 베케트

19. 『롤리타』 − 블라디미르 나보코프

20. 『밤으로의 긴 여로』 − 유진 오닐

21. 『길 위에서』 − 잭 케루악

22. 『닥터 지바고』 − 보리스 파스테르나크

23. 『모든 것이 산산이 부서지다』 − 치누아 아체베

24. 『양철북』 − 귄터 그라스

25. 『캐치22』 − 조지프 헬러

26. 『수용소 군도』 − 알렉산드르 솔제니친

27. 『백 년 동안의 고독』 − 가브리엘 가르시아 마르케스

28. 『장미의 이름』 − 움베르토 에코

29. 『참을 수 없는 존재의 가벼움』 − 밀란 쿤데라

30. 『악마의 시』 − 살만 루슈디

31. 『꿈의 해석』 − 지그문트 프로이트

32. 『일반언어학 강의』 − 페르디낭 드 소쉬르

33. 『프로테스탄트 윤리와 자본주의 정신』 − 막스 베버

34. 『인도철학사』 − 사르베팔리 라다크리슈난

35. 『역사와 계급의식』 − 게오르그 루카치

36. 『존재와 시간』 − 마르틴 하이데거

37. 『중국철학사』 − 펑유란(馮友蘭)

38. 『역사의 연구』 − 아놀드 토인비

39. 『모순론』 − 마오쩌둥(毛澤東)

40. 『이성과 혁명』 − 헤르베르트 마르쿠제

41. 『존재와 무』 – 장 폴 사르트르

42. 『열린사회와 그 적들』 – 칼 포퍼

43. 『계몽의 변증법』 – 호르크하이머, 아도르노

44. 『제2의 성』 – 시몬 드 보부아르

45. 『전체주의의 기원』 – 한나 아렌트

46. 『철학적 탐구』 – 루트비히 비트겐슈타인

47. 『성과 속』 – 미르치아 엘리아데

48. 『역사란 무엇인가』 – 에드워드 헬렛카

49. 『야생의 사고』 – 클로드 레비스트로스

50. 『혁명의 시대』 – 에릭 홉스봄

51. 『현상학의 이념』 – 에드문트 후설

52. 『말과 사물』 – 미셸 푸코

53. 『언어와 정신』 – 노엄 촘스키

54. 『부분과 전체』 – 베르너 하이젠베르크

55. 『앙티 오이디푸스』 – 질 들뢰즈, 펠릭스 가타리

56. 『소유냐 존재냐』 – 에리히 프롬

57. 『오리엔탈리즘』 – 에드워드 사이드

58. 『물질문명과 자본주의』 – 페르낭 브로델

59. 『구별 짓기』 – 피에르 부르디외

60. 『의사소통적 행위이론』 – 위르겐 하버마스

61. 『무엇을 할 것인가』 – 블라디미르 일리치 레닌

62. 『과학적 관리법』 – 프레데릭 윈즐로 테일러

63. 『옥중수고』 – 안토니오 그람시

64. 『도덕적 인간과 비도덕적 사회』 – 라인홀드 니부어

65. 『고용, 이자, 화폐의 일반이론』 – 존 메이너드 케인스

66. 『사회보험과 관련 사업』 – 윌리엄 베버리지

67.『현대세계의 일상성』─ 앙리 조르주 르페브르

68.『남성의 성행위』─ 앨프리드 킨제이

69.『고독한 군중』─ 데이비드 리스먼

70.『자본주의, 사회주의, 민주주의』─ 조지프 슘페터

71.『미국의 자본주의』─ 존 케네스 갤브레이스

72.『이데올로기의 종언』─ 다니엘 벨

73.『영국 노동계급의 형성』─ E. P. 톰슨

74.『현대정치의 사상과 행동』─ 마루야마 마사오

75.『미디어의 이해』─ 마셜 매클루언

76.『성의 정치학』─ 케이트 밀레트

77.『정의론』─ 존 롤스

78.『세계체제론』─ 이매뉴얼 월러스틴

79.『제3의 물결』─ 앨빈 토플러

80.『강대국의 흥망』─ 폴 케네디

81.『상대성 원리』─ 알버트 아인슈타인

82.『사이버네틱』─ 스노버트 위너

83.『중국의 과학과 문명』─ 조지프 니덤

84.『과학혁명의 구조』─ 토머스 쿤

85.『유전자의 분자생물학』─ 제임스 D. 왓슨

86.『가이아』─ 제임스 러브록

87.『사회생물학』─ 에드워드 윌슨

88.『코스모스』─ 칼 세이건

89.『혼돈으로부터의 질서』─ 일리야 프리고진

90.『시간의 역사』─ 스티븐 호킹

91.『헬렌 켈러 자서전』─ 헬렌 켈러

92.『나의 투쟁』─ 아돌프 히틀러

세기의 책

문학 편 01

르몽드, 뉴욕타임스 선정 세기를 대표하는 100권의 책

글 디오니소스

발행일 2022년 5월 15일 초판 1쇄

발행처 디페랑스

발행인 노승현

책임편집 민이언

출판등록 제2021-000245호

주소 서울특별시 서초구 신반포로 47길 12 유봉빌딩 4층

전화 02) 868-4979 **팩스** 02) 868-4978

이메일 davanbook@naver.com

홈페이지 davanbook.modoo.at

블로그 blog.naver.com/davanbook

페이스북 www.facebook.com/davanbook

인스타그램 www.imstagram.com/davanbook

ISBN 979-11-85264-61-5 03100

* 「디페랑스」는 「다반」의 인문, 예술 출판 브랜드입니다.